Mensagens de Maria para uma vida de paz

DARLENE WEINHOLD

Mensagens de Maria para uma vida de paz

Tradução de
CLAUDIA MARCONDES

NOVA ERA

Rio de Janeiro
2005

CIP-Brasil. Catalogação-na-fonte
Sindicato Nacional dos Editores de Livros, RJ.

M285m Maria, Virgem, Santa (Espírito)
Mensagens de Maria para uma vida de paz / [psicografado por] Darlene Weinhold; tradução Claudia Marcondes. – Rio de Janeiro: Nova Era, 2005.

Tradução de: Peace within: Mary's messages for a balanced life
ISBN 85-7701-003-1

1. Paz. 2. Obras psicografadas. 3. Orações. I. Weinhold, Darlene, 1944-. II. Título.

05-2311 CDD – 133.93
CDU – 133.9

Título original norte-americano
PEACE WITHIN: MARY'S MESSAGES FOR A BALANCED LIFE

Publicado originalmente por Blue Dolphin Publishing, Inc.
P.O. Box 8, Nevada City, CA 95959
Web site: www.bluedolphin.com

Impresso no Brasil

ISBN 85-7701-003-1

PEDIDOS PELO REEMBOLSO POSTAL
Caixa Postal 23.052
Rio de Janeiro, RJ – 20922-970

Sumário

Introdução

A MENSAGEM QUE NOS CHEGA do outro lado diz que cada um de nós vem à Terra com uma missão determinada. Comprometemo-nos a solucionar um antigo carma e a servir de alguma forma a humanidade.

O acaso não existe. Nós possuímos livre-arbítrio aqui na Terra. Esse livre-arbítrio tem a ver com a maneira como utilizamos os dons que nos são concedidos, como aproveitamos as oportunidades e como reagimos aos desafios. Temos que descobrir a vontade de Deus e aceitar nossas provações, pois tudo que vivemos é planejado específica e exclusivamente para nós.

Enquanto escrevia um outro livro, ditado por um célebre visionário e transcrito por mim, Maria, a Mãe de Jesus, intercedeu para nos contar que nosso projeto já estava sendo planejado há bastante tempo.

Muitos de nós experimentamos um sentimento de submissão, por saber que somos conhecidos, e de embaraço, ao compreender que fomos e continuamos a ser observados em tudo o que fazemos. Os sofrimentos e as desolações da vida indicam que estamos seguindo no caminho certo. Talvez estejamos lutando sem compreender o significado da luta. Certamente gostaríamos de imaginar que tudo tem um sentido e um propósito.

Consideraríamos todo sofrimento bem menos significativo se soubéssemos que as experiências da vida não são, de forma alguma, aleatórias. Por isso, estou feliz e encantada de dizer a você que Maria, a Mãe, está ensinando o que precisamos saber. Maria faz parte de um plano que nos informa tudo de que necessitamos para nos munirmos da quantidade exata de consolo e esperança.

Por que isso não aconteceu antes? Por que o mundo foi deixado nesta obscuridade espiritual por tanto tempo, parecendo distante de qualquer comunicação com Deus? A resposta pode surpreender vocês. Os corações e as mentes da raça humana estavam fechados para essa informação.

As religiões do mundo ocidental vinham ensinando que Deus não se comunicava mais com os homens. Muitos aceitaram esse absurdo como uma verdade divina. Imagine nosso Pai amado tentando se comunicar, enquanto nós acreditávamos que Ele não queria, ou não podia, fazer isso! Nós vivemos séculos na era das trevas da espiritualidade.

Maria, a Mãe de Jesus, tem ditado vários livros. O fato de agora ela haver preferido transmitir suas mensagens por meio dos protestantes decorre dos preconceitos da Igreja Católica Romana.

Suas mensagens são para todos. Ela disse: "Existem coisas na Igreja Católica que eu ainda respeito." Maria faz parte do mais alto nível da hierarquia espiritual. Nós aprendemos que a Igreja Católica se refere à Maria como "a Mãe de Deus", por razões que não conseguimos entender, uma vez que Deus é eterno, sem início ou fim.

Aprendemos que Maria reza por nós e junto a nós. Na verdade, nunca rezamos sozinhos. Os anjos se unem às nossas preces quando nossos corações estão certos. Precisamos, entretanto, iniciar as orações aqui na Terra, acreditando ou não que o único propósito dos anjos é rezar por nós.

Ninguém do outro lado intervém sem que solicitemos, exceto em casos relacionados ao nosso destino. Devemos pedir ajuda, para que todas as solicitações que favoreçam nossa jornada terrena sejam atendidas.

O conceito de "carma" não é apenas uma bobagem *new age* ou algum misticismo do Oriente. O carma é o propósito de nossas vidas na Terra. O sofrimento cármico serve para equilibrar, embora nem todos que sofrem estejam desequilibrados. Uma pessoa pode sofrer antecipadamente para tornar-se mais piedosa ou para abrandar o carma de um grupo.

Alguns espíritos elevados, como Jesus, carregam o carma de outros. Esse fenômeno funciona de forma específica para cada pessoa. Qualquer um que precise de conforto pode invocar a graça de Jesus — o que não aliviará todos os sofrimentos, nem nos livrará de um exame acerca de nossas atitudes para com Deus. Quero dizer que não podemos simplesmente pedir a salvação; temos que purificar nossos corações para conseguir alcançar a luz.

A oração pode aliviar o peso do carma individual e, em alguns casos, até mesmo do carma de algumas nações. Nem todos os carmas podem ser aliviados. É necessária a graça divina, uma graça que decorre de um certo grau de penitência. As guerras, por exemplo, são um carma: da terrível purgação comunista ao holocausto, das bombas de Nagasaki e Hiroshima, à guerra do Vietnã, dos atuais conflitos religiosos no Oriente Médio às questões sociais da África.

Orações não podem aliviar um carma quando não há arrependimento. Em uma ocasião, quando a chuva não vinha mesmo após muita oração, Maria disse: "Não é privilégio deles receber essa graça. Rezem para que suas necessidades sejam atendidas." Nossas orações continuam a fornecer um elemento de graça para aliviar sofrimentos. Preces de compaixão são como uma dádiva.

DESPERTANDO A HUMANIDADE

Maria tem enviado mensagens sobre o despertar da humanidade. O universo e o planeta estão em transição. A Terra está se aquecendo e expandindo. O aquecimento é oriundo de seu núcleo e o calor, por causa dos vulcões submersos e dos terremotos, tem atingido as águas oceânicas. Um professor de geologia que trabalhava como relator de pesquisas universitárias disse que as geleiras do mundo iriam derreter durante as próximas gerações e que as águas poderiam encobrir uma grande parte do continente norte-americano.

As previsões, embora de forma menos drástica, vêm se realizando. Oceanógrafos confirmam que a dissolução das geleiras está fazendo subir o nível dos oceanos e que parte da área próxima à costa certamente será coberta de água.

O aquecimento global não é um mito e nunca houve registro de fato semelhante no mundo civilizado. A última vez que as geleiras derreteram, grande parte da América do Norte foi coberta de água. O deserto de Nevada possui rochas incrustadas com conchas do mar fossilizadas. Conchas trituradas são extraídas em Nevada para servir de base para cosméticos.

Nós aprendemos que a última vez que a Terra girou sobre seu eixo foi há doze milhões de anos. A humanidade tem abusado do planeta e o ódio ao próximo está contribuindo para aumentar o carma da Terra. Os homens não têm sido humildes em relação ao seu criador. A presunção é desmedida.

É fato que o coração dos homens não está agindo certo com Deus, mas a principal causa das calamidades futuras é meramente cíclica. As alterações no planeta são um fenômeno geológico.

Deus pode nos ajudar. O pensamento desordenado reinante e a preocupação em acumular riquezas podem ser sanados caso a humanidade volte seus corações para a vida espiritual. "A minha gente", diz Maria, "questiona tudo e não crê em nada." Nós perdemos a capacidade de acreditar, além da inocência e da humildade necessárias para empreender a nossa busca espiritual.

O CHAMADO

As mensagens deste livro me foram transmitidas por Maria, a mãe de Jesus. É minha primeira tentativa de receber material inspirado em nome de Nossa Senhora. O chamado veio por intermédio de visões, pois de outra forma talvez eu não acreditasse no que estava ouvindo. Este livro é o primeiro de uma série de quatro.

A Terra é o lugar ao qual somos enviados para trabalhar nossos defeitos. É da vontade de Deus que honremos a fagulha divina que há em nosso interior e que façamos o trabalho a que fomos destinados.

É necessário que haja uma alteração de energia. Somos solicitados a rezar pelo planeta e pelas pessoas do mundo. A devastação da Terra está ocorrendo de forma rápida e terrível. O chamado para rezar é realmente urgente.

Jesus disse que, no ano 2000, faria o que havia prometido. Ele voltaria, à noite, para falar ao coração de cada um de nós. Ele disse que todas as pessoas teriam a chance de acolhê-lo ou de dar-lhe as costas. Mãe Maria disse que se juntou a Jesus no trabalho de falar ao coração de cada pessoa no mundo.

Todos nós fomos chamados para salvar a Terra e as almas dos homens, rezando pelo nosso belo planeta e pelos corações da humanidade.

Darlene Weinhold

Parte I

Meu amor eu ofereço a vocês

1

Abrindo o coração

A SEGUNDA METADE DO SÉCULO XX FOI um período em que o mundo sofreu transformações muito rápidas. Paralelamente a essas transformações, houve um tremendo crescimento na consciência espiritual. Quem o diz é Maria, a mãe de Jesus.

Toda a desordem, a devastação e o conseqüente trabalho árduo não foram em vão. As pessoas lucraram. As mudanças sofridas fizeram com que elas se dispusessem a abrir seus corações e mentes. Nos séculos anteriores havia uma rejeição à Mãe de Deus. As pessoas não conseguiam entender os princípios da vida ou o significado da existência.

Com o aumento da consciência espiritual ocorrido nos últimos quinze anos, a humanidade está mais propensa a parar de cometer os mesmos erros. O mundo se tornou menos egoísta e rígido em seus conceitos. Enquanto todos procuram por informação, eu, a Mãe, farei tudo para que percebam a minha presença.

Uma cadeia de eventos está para acontecer. As pessoas tendem a ver os acontecimentos como "um terrível juízo final". Haverá alguns novos tumultos e outros irão continuar. Essa devastação tem um propósito: purificar a Terra. Enchentes, terremotos, secas e furacões abrandam as condições cármicas do mundo. Os sofrimentos fazem com que as pessoas despertem e ajam corretamente com Deus.

Os prognósticos de desastres geológicos não devem causar medo. O fluxo agora é diferente. Alguns dos desastres já foram superados. Alguns distúrbios já estão em andamento, mas outros foram abrandados ou resolvidos inteiramente em função do grande número de orações na Terra.

A humanidade começou pensando que tinha todas as respostas e que essas respostas poderiam ser conseguidas em laboratório. A resposta é o amor. Ele é a mensagem que vem sendo transmitida aos homens pelos líderes espirituais enviados por Deus à Terra no decorrer dos séculos.

COLHER TUDO O QUE FOI SEMEADO

As inundações na Argentina, nos invernos de 1999 e 2000, foram necessárias para despertar a consciência das pessoas de lá, que haviam se esquecido de Deus. Uma seca intensa atingiu o Egito por volta de maio de 2000. Enchentes, secas e terremotos continuarão acontecendo com a finalidade de prevenir e despertar as pessoas.

A partir do ano 2002 eu comecei a aparecer em várias partes do mundo. Em Medjugorje, eu apareci uma vez por mês, durante muitos anos, para alertar sobre os horrores que poderiam acontecer se as pessoas não mudassem de atitude. Na antiga Iugoslávia, a guerra foi causada por ódios profundamente enraizados atribuídos a fatores religiosos. A devastação foi seguida da advertência de que as pessoas deveriam rezar. Alguns desastres foram minimizados.

As pessoas daquele país não voltavam seus corações para Deus. Os poucos que o fizeram ajudaram a abreviar as calamidades. Há os que acreditam que sua religião é a certa e que podem impingir suas crenças a outros.

Tem havido muito ódio entre as pessoas em nome da religião. Todos vocês são meus filhos. Ainda assim, muitos usam sua religião como desculpa para odiar e perseguir os outros. Não há religião que tenha todas as respostas. O direito de cada um de acreditar no que lhe convém é respeitado como parte de seu livre-arbítrio na Terra. Respeitem esse direito dos outros e o seu.

Deixem que cada um seja submisso em sua busca pela vontade e pelas verdades de Deus. Deixem que as igrejas digam em sua manifestação de fé: "Nós agora acreditamos nisto, enquanto esperamos a inspiração de Deus de que ainda há mais."

Deus tem ajudado certos grupos a sobreviver em condições extremamente desprovidas de fé. Isso é muito complicado para que vocês entendam neste momento. Os líderes espirituais são instruídos para virem em paz. Em alguns casos, entretanto, quando as condições são muito ruins, eles fracassam ou recorrem a armas. A violência não é da vontade de Deus. Ele não guia nenhuma religião para agir contra pessoas de outras religiões.

Esta mensagem será sempre repetida: todas as religiões que honrarem a Deus serão honradas por Deus. Ele vê os corações. Ele ama a todos tanto quanto eu. Quando alguém resolve fazer mal ao próximo em nome da religião, esse ato desencadeia mais sofrimento na Terra.

Todo sofrimento, porém, retorna para a pessoa, para a comunidade e, algumas vezes, para o país inteiro que o desencadeou. Vocês são seres eternos. Cada um tem importância e valor para Deus. Ele não está condenando ninguém por seus atos ou crenças. Como podem então os humanos se achar no direito de julgar?

A LUZ É O ESPELHO DE DEUS REFLETINDO OS ATOS DA HUMANIDADE

No final, cada um terá que prestar contas a todos aqueles que ofendeu, de forma a poder retornar a Deus, seu criador. Não há o castigo eterno. Deus não julga ou pune. Esse conceito é uma forma equivocada de entender o grande amor de Deus. O amor de Deus é tão imenso que Ele é todo e somente luz.

Sofrer não é punição. O sofrimento é um processo de purificação. Você sofre porque o desequilíbrio de seus pensamentos está voltando para você na forma de experiência.

Quando uma pessoa vai para o plano das trevas, ela apenas está assumindo um lugar que já lhe pertencia, até ser capaz de purificar sua alma para encarar Deus. Quando alguém odeia outra pessoa, se afasta de Deus. A circunstância após a morte, que alguns chamam de inferno, é apenas a manifestação da situação em que uma pessoa já se encontrava na Terra.

Quando uma pessoa morre será julgada por meio de uma unidade espiritual que é conectada aos olhos de Deus, capaz de enxergar o coração. Quando uma pessoa morre tendo fracassado em honrar seu propósito de vida na Terra, ou em fazer o bem ao mundo, ela terá que trabalhar com empenho para alcançar a Deus. Terá que purgar suas culpas e arrependimentos, pois todo ser humano criado por Deus está evoluindo na direção de seu criador. Esse processo nunca termina.

A Bíblia se refere ao inferno como um castigo eterno, e ao demônio como o líder do inferno. Esses conceitos, porém, foram transmitidos ao homem num momento em que ele ainda não estava suficientemente espiritualizado para entender que Deus significa amor incondicional. Não há nenhum demônio. Não há nenhum satanás. Isso é uma referência simbólica à maldade que existe no interior dos homens. Deus não os tenta nem os guia para a tentação. Como disse Paulo, o homem é conduzido pela própria cobiça e tentação.

O DEMÔNIO É A REPRESENTAÇÃO DOS PENSAMENTOS VIS E MAUS

A alma anseia por Deus, como falou Davi. Vocês estão se enganando quando se recusam a admitir a existência de Deus. Essa negação atrasa seu crescimento espiritual na Terra. Quando uma pessoa morre, a alma vê a verdade e pode iniciar sua redenção. O coração prevenido contra Deus no plano inferior gera a mais terrível das conseqüências, uma estada por demais extensa nesse plano.

Criticar ou condenar alguém que vocês consideram que está agindo erradamente, transforma-os em juízes. Deus não julga se vocês estão certos ou errados. Como, então, as pessoas acreditam que podem fazer algo que nem Deus faz?

CONHECER JESUS É CONHECER DEUS

A forma com que Jesus se relacionou com as pessoas, por meio de um amor permanente e profundo, é um exemplo de como Deus olha para o homem. Jesus disse: "Eu não vim para julgar, e sim para perdoar." As pessoas têm dificuldade em conceder o perdão a outros e a si mesmas, mas Deus, que ama incondicionalmente, entende a confusão e a dor de cada um.

Eu não digo isso para condenar ninguém pela incompreensão. Eu falo para despertá-los; para dar-lhes a oportunidade de caminhar em direção a um modo de vida mais próximo de Deus. Estando no fluxo da energia divina, vocês começam a afastar o mal de si próprios e do mundo.

Não há motivo para que vocês odeiem ou desconfiem de alguém em razão de sua atitude, de sua religião, de suas posições políticas, de sua cultura ou de seu estilo de vida. Quando vocês amam e aceitam as pessoas, quando respeitam o direito de cada um de acreditar ou de ser o que escolheu, quando param de exigir dos outros, vocês passam a ser menos desafiados e exigidos.

Vocês não estão sozinhos. Vocês podem ser ajudados. Peçam ajuda; acreditem que estão sendo ouvidos e que alguém está prestando atenção ao que vocês dizem. Vocês estarão sendo guiados a partir do momento em que abrirem o coração para Deus. Ele falará ao coração de vocês. Não tenham dúvida de que Ele realmente deseja alcançar vocês e de que é totalmente capaz de fazê-lo. Como vocês poderiam pensar que alguém que os criou e que os ama permitiria que vocês lutassem e sofressem sozinhos?

Deus conhece tudo a respeito de vocês: cada nervo, cada célula e cada pensamento; bom ou mal. Ele sabe o que cada um está fazendo na Terra e no mundo espiritual. Você acha que Deus não é capaz de prover suas necessidades? "Será que meus ouvidos estão tão carregados que eu não posso ouvir? Porventura tanto se encolheu meu braço, que já não pode alcançar?"

A LUZ DE DEUS POSSUI TUDO DE QUE VOCÊS PRECISAM

Deus se comunica com vocês por diversos caminhos. Ele fala em seus sonhos. Ele fala em seus pensamentos. Ele fala por meio de outras pessoas. Se vocês pararem de julgar os outros pela maneira como andam, ou falam, ou se vestem, e ouvirem a todos com o coração, vocês ouvirão Deus em cada um.

Rezem e ouçam. Em vez de se lamentarem com os amigos, lamentem-se com Deus. Ele vê seus corações e atende a todos os pedidos sinceros de acordo com o que está certo. Ele quer que vocês o respeitem como Pai e Criador. Ele é a Força; a luz em seus corações. Se neles há trevas e dor é porque Deus não está lá.

Deus alcança vocês com amor, compaixão, sabedoria, esperança e orientação. Ele é tudo isso. Quando são cruéis com uma pessoa, vocês a estão privando da luz divina, uma vez que ela não será capaz de sentir amor estando cercada de ódio. A conduta cruel é uma ofensa que os distancia de Deus, mesmo que essa crueldade afaste, também, aquele que vocês odeiam do amor de Deus. Cada um de vocês é um emissário de Deus na Terra. Pensem nas conseqüências de seu ódio.

Viver é amar e auxiliar o próximo sem controlá-lo. Tentem entender as pessoas. Quando vocês percebem sua capacidade de amar, quando vocês procuram o amor dentro de vocês, enxergam que não é preciso que os outros sejam como vocês querem. **O princípio primário da vida é o amor. O medo de que alguém tire algo de vocês torna as pessoas desconfiadas. Confiem em Deus.**

Quando amam ou odeiam, vocês transferem essas emoções para dentro de seus corações. Então é melhor amar, pois o amor purifica. Perdoem, caso tenham sido ofendidos, e seus corações permanecerão puros. Amem aquele que os ofende, pois assim vocês estarão transformando o coração dele.

A PURIFICAÇÃO COMEÇA COM A FÉ EM DEUS

O amor é o elixir, o bálsamo, a energia da vida. O amor é a própria vida. Alguns de vocês compreendem bem. Rezam. Ainda que vocês rezem com medo, vivam com medo, pensem com medo, tentem agir sem medo. Rezem para se purificar, pois assim suas preces se tornarão poderosas.

Minha mensagem, meus filhos, é de amor e salvação, para trazer a paz interior a vocês. Parem de pensar que ninguém tem todas as respostas.

Eu sou a Mãe de Deus. Eu agora falo por intermédio dos protestantes porque minhas mensagens vêm sendo confundidas com o que as pessoas já acreditavam. Estou escrevendo essas mensagens para ajudá-los a se purificar e a se manterem puros. Vocês querem se livrar da ansiedade, da desordem emocional, da frustração e das tensões que geram desconfianças acerca de Deus e dos homens.

Este livro os ajudará a descobrir que tipos de atitude estão tendo para serem surpreendidos por um sofrimento atrás de outro. Este livro é sobre amar ao próximo.

2

Olhem para dentro

EXISTE UMA NECESSIDADE MUITO grande de oração. Vocês não podem imaginar, meus filhos, como são poderosos seus pensamentos. Certamente vocês irão preferir que esses pensamentos os ajudem, e não que os limitem. Se suas mentes giram freneticamente com medo, confusão, desânimo, ansiedade, desesperança ou frustração, as orações podem afastar as forças que os prendem a esse tumulto.

A oração esclarece. Quando a confusão é muito grande é porque sua capacidade para rezar está debilitada. Exatamente por essa razão o Pai designou uma oração que não requer pensamentos, que permite que vocês rezem automaticamente quando suas mentes estão enfraquecidas ou desestabilizadas. Vocês não podem sequer imaginar o poder que tem essa oração. Eu sou Maria, a Mãe.

Meus filhos, eu estou falando para vocês sobre o Rosário, a oração que exalta a Mãe. O rosário ou terço purifica seus corações e a energia ao seu redor. Essa oração tem o poder de purificar e proteger. Quando o trabalho interior já estiver pronto, a oração poderá ser enviada para outros e para o planeta.

Suas orações podem beneficiar as almas que estão perdidas, e podem ajudar a humanidade a se fortalecer e a colocar os acontecimentos em foco. Uma oração, meus filhos, funciona tanto para mil pessoas quanto para uma. Lembrem-se de que um só batismo serviu para muitos, e de que o sacrifício de Jesus salvou toda a humanidade. Rezem por um grupo de pessoas. Concentrem-se e enfoquem uma pessoa que esteja precisando de suas preces. Vejam, então, a prece partindo como uma luz para todos aqueles que estão na mesma situação. Imaginem o grande poder de seu amor neste mundo. Saibam que os anjos e os espíritos elevados unem-se a vocês em todas as preces sinceras e generosas.

REZAR DÁ ACESSO À LUZ

Rezem ao seu Pai Celestial. Quando pedirem a minha ajuda eu rezarei junto, e os anjos e santos rezarão também. Uma das graças que são concedidas a vocês na Terra é a graça de serem capazes de dizer orações poderosas. Esta é uma dádiva: poder rezar orações fortes enquanto habitam esse plano físico.

Usem esse poder para ajudar a si mesmos e a humanidade. Todas as orações são ouvidas e todas têm importância. Quanto mais voltadas para assuntos espirituais elas são, maior poder elas têm. As orações falam diretamente ao coração, à alma e à mente daqueles a quem são dirigidas.

Sua mente suprema sabe o que é certo. Quando pedem por bens materiais que não estão determinados para vocês, há uma separação. Uma parte de vocês não participa da oração.

Eu tenho pedido aos meus filhos que retomem a antiga tradição da igreja de rezar o terço. Na prática, o terço pode ser rezado em meia hora. Ele pode ser rezado enquanto vocês caminham, quando estão parados no trânsito, antes de dormir, enquanto trabalham ou enquanto esperam. Acreditem que vocês dispõem de muitas meias horas para dizer o terço.

Rezar o terço uma vez já ajuda. Eu ensinarei as orações àqueles que não sabem como rezá-lo. O rosário ajuda na cura. Cada um precisa de um nível de cura. Todos os dias, as experiências e a energia que os cerca criam novos motivos para curas e purificações.

A oração traz o poder da luz. Preciso repetir que essa luz é a luz de Deus? Essa oração foi ofertada por Nosso Pai, por meu intermédio, a São Domingos, há mais de um século. Ela veio do próprio Deus.

Os sofrimentos podem ser afastados de suas vidas e do mundo quando rezamos o terço. Alguns de vocês possuem mágoas, dores e arrependimentos que parecem não ter fim.

Essa oração é como uma grande luz purificadora que penetra nas trevas retirando camadas e mais camadas de antigos sofrimentos. Dizendo o terço, vocês podem limpar seus corações, suas almas e suas vidas.

SEJAM PACIENTES NO PROCESSO DE CURA

A cura e a purificação não ocorrem sempre de forma rápida. A cura é um processo. Há quanto tempo vocês vêm acumulando os problemas que os prendem agora a essa desordem emocional? Sejam pacientes. Não desistam de vocês, de mim ou de Deus.

Depois de um ano de empenho em seus objetivos, vocês verão uma mudança. Vocês já poderão sentir, depois de cada oração, um alívio temporário em seus sofrimentos. Alguns têm problemas que estão vinculados a seus corpos espirituais há séculos. Isso é complicado de entender. O importante é que vocês não se desiludam e não desistam. A cura leva tempo.

O terço restaura a fé amainando seus temores. Ele pode ser dito mesmo nas situações mais terríveis, quando a razão e a concentração os abandonam. Dizendo as orações vocês estarão se livrando do sofrimento emocional e da confusão mental. Suas mentes ficarão livres para focalizar suas próprias preces.

Eu apareço para pessoas especiais, com as quais me reúno em oração uma vez por semana. Saibam que quando vocês rezam, os anjos rezam com vocês. Vocês não estão sozinhos. Nunca pensem que não estão sendo ouvidos. Mesmo esse simples pensamento pode lhes trazer medo.

A chave para o reino de Deus está no interior de cada um. Essa chave abre seus corações para a capacidade de amar ao próximo. Eu, sua Mãe, sou uma emissária de Deus, uma profetisa que os traz de volta ao seu caminho. Sintam meu amor em seus corações. Recebam-me em seus corações e então poderão sentir o amor que tenho por vocês. Quanto mais vocês forem capazes de sentir minha presença, menos se sentirão sozinhos ou fracos.

À medida que começarem a crer em Deus e a sentir o Seu amor divino, vocês aprenderão a se amar novamente. Eu quero que meus filhos vejam a Deus de uma maneira diferente e única. Muito freqüentemente a luta diária faz com que vocês se afastem de Deus e, com isso, perdem a confiança que têm em si mesmos, em seu caminho e na própria vida. Sua conexão com Deus é a sua força.

Frente às dificuldades vocês podem pensar: "Onde está Deus agora?" Deus está em meio ao turbilhão, na dor, na solidão e no sofrimento. Seus anjos choram com vocês. É difícil sentir a Sua presença quando se está tomado pelo desespero.

DEUS ESTÁ NO SILÊNCIO

Como alguém pode sentir a presença de Deus em meio ao tumulto? Deus está presente no silêncio do coração; na tranqüilidade do ser interior. Vocês já tiveram a oportunidade de ver o brilho da neve na calmaria que se segue à tempestade?

Essa sensação de total tranqüilidade os invade cada vez que vocês se abrem para o amor e para a presença de Deus. Esse amor provê tudo de que vocês precisam, desde que vocês estejam com a alma purificada. Quando estiverem sozinhos, digam as preces. Rezem falando. Falem livremente. Não para Deus, mas para vocês mesmos. Ouvir as palavras os fortalecerá.

Estar purificado depende do perdão de si próprio e dos outros. Cuidem de cada ferida emocional de uma vez. Rezem para que Deus os liberte do ódio que sentiram por aqueles que os feriram. Pensem na alma e no coração daqueles de quem vocês se lembram com raiva. Inundem o coração e a alma de cada um deles com luz. Quando o sofrimento deles for aliviado, o de vocês também começará a ser.

O ressentimento mantém vocês subjugados à pessoa e à experiência que causaram a dor. Ele é uma prisão. Dentro dessa prisão estão o medo da vida, as preocupações, o medo de perder o controle, o medo do presente, do passado e do futuro. Pensamentos rancorosos atraem o ódio. Com ódio e ressentimento suas mentes ficam presas ao fato passado. Raiva e ressentimento fecham as portas do coração e da alma para a luz que liberta o espírito.

A VIDA NA PRISÃO ESPIRITUAL

Alguns homens vivem em grande desespero em razão de muitas aflições. Lares que são aprisionados por drogas, pelo alcoolismo ou por exploração emocional vivem situações de grande tristeza. Essas situações fazem parte da jornada na Terra. Acreditem em mim. Saibam que os anjos, os guias e seu Pai Celestial estão por perto enquanto vocês atravessam as dificuldades que fortalecem a alma.

Saibam que haverá um fim para todo sofrimento. A jornada da vida é curta. Deus irá libertá-los desse sofrimento. As aflições são a trilha que todos têm que percorrer para se tornarem seres elevados. Quando vocês se tornam amargos para com aqueles que os exploram, estão adiando a recompensa que está reservada para vocês. Perdoem, e seus corações se tornarão puros e inocentes. Vocês verão no fundo do coração daqueles que agem de forma maldosa que eles estão feridos e infelizes.

Rezem para que Deus os ajude a encontrar um modo de se afastar da maldade. A maldade não é da vontade de Deus. Peçam ajuda.

Jesus é o maior exemplo, pois ele amou os tiranos que o pregaram na cruz. Jesus ama assim como seu Pai. Deus não guarda mágoas contra nenhum de seus filhos. Ele quer que todos encontrem seu caminho de volta ao Pai. Quando vocês amam aqueles que os maltrataram, estão contribuindo para que eles encontrem o próprio caminho. Vocês se tornam a prova do amor divino na Terra. Amar o que lhes parece impossível irá purificá-los.

Que o amor e a compaixão invadam seus corações. A paz esteja com vocês.

3

Descobrindo um propósito no sofrimento

O MEDO, MEUS FILHOS, é a causa de todo sofrimento. Esta é a minha mensagem. Que espécie de pensamentos apavorantes vocês abrigam? Rezem quando eles começarem a afligi-los. São muitos os tipos de provação que lhes são enviados.

Assim como os pais, os filhos têm uma alma, um coração e um espírito criado por Deus. Mas não são vocês os criadores de uma criança. Vocês provêem o corpo físico e os traços genéticos de seus ancestrais. O Pai Celestial cria o coração, a alma e o espírito da criança. Seus filhos fizeram um acordo com o Senhor sobre o caminho deles na vida. Eles são o seu presente nessa aventura que é a vida na Terra.

A tarefa de vocês é cuidar de seus filhos. Vocês não são Deus. Vocês são como mestres na juventude de seus filhos. Se Deus deu a eles um desafio, pode ser que vocês também tenham que enfrentá-lo. Se Deus colocou esses filhos em um caminho que se afasta do seu, tudo o que vocês têm a fazer é deixá-los ir. Vocês podem lamentar essa perda ou o caminho que seus filhos estão prestes a tomar. Para isso existe a oração. Não sobrecarreguem suas almas com ressentimento e raiva daquilo que não há como controlar.

O mundo de vocês acabará por se tornar complicado. Lares violentos têm separado os filhos dos pais. Deus Pai vê a tristeza de Seus filhos. Ele irá curá-los, fazê-los acreditar e dar-lhes esperanças quando vocês abrirem seus corações. O primeiro passo depende de vocês. Renunciem ao desejo de querer que a vida seja da maneira como vocês imaginam. Deus e seus mensageiros celestiais designaram uma jornada para cada um de vocês. Aceitando que não são donos de ninguém e que não podem controlar os outros, vocês começarão a se curar.

REZEM PARA TER PAZ E COMPREENSÃO

Lembrem-se com humildade de que todo sofrimento é um aprendizado. Tirem uma lição pessoal desse aprendizado. Quando um problema se resolver de forma contrária aos interesses de vocês, rezem para alcançar a graça de encontrar a paz e a aceitação. Rezem por sabedoria e compreensão para conseguirem perdoar.

Rezando para obter a sabedoria divina, vocês serão levados a tomar decisões que os afastarão do labirinto que os prende ao tumulto. Eu uso a palavra "rendição", que significa aceitação. Todos os sofrimentos prolongados decorrem de um apego às próprias vontades e aos próprios desejos.

O propósito de Deus é um caminho muito mais fácil de trilhar do que o da vontade do homem. Rezem para fazerem as escolhas certas, para terem os pensamentos certos e para compreenderem de forma correta. Deus fala ao coração de cada um. Abram seus corações à Mãe Divina e ao Deus Pai. Nós somos um só.

Sentem em silenciosa contemplação. A "voz baixa e delicada" irá falar a vocês com carinho. As mensagens de Deus são curtas, profundamente sábias e bastante afetuosas. Com um único pedido vocês obterão uma resposta gentil e correta. Algumas vezes a mensagem é "aguarde". A resposta pode já estar a caminho. Vocês podem ouvir as palavras de Deus incitando-os a amar ou dizendo-lhes que rezem por alguém ou por algo.

Acreditem meus filhos de todo o mundo: Deus fala a cada um de vocês. Suas mensagens vêm por meio das palavras sábias de outros, de histórias, de um pensamento, de uma lembrança, e por meio do que vocês chamam de intuição. O problema não está no esforço de Deus para alcançar o homem, e sim na habilidade dos homens em ouvir Suas mensagens em meio à balbúrdia frenética de suas mentes. Vocês serão capazes de ouvir a Sua voz quando se sentirem dignos.

ABRAM SEUS CORAÇÕES PARA AS MENSAGENS DE DEUS

Ouçam, meus queridos, guardem um conselho em seus corações no decorrer dos dias: falem menos e ouçam mais. Sejam os alunos e filhos de seu Pai. Escutem com humildade e amor.

Esperem com paciência. Existem fatos que seu Pai sabe e que vocês ainda não sabem. Nós escutamos nossos filhos. Como crianças mimadas vocês fazem perguntas que não são apropriadas.

Vocês perguntam com egoísmo e podem estar se esquecendo de amar. Amar é ter paciência em tudo o que faz. Amar é ter fé na força da vida. Acreditem que seu destino divino irá se manifestar quando for o momento. Acreditem e ouçam. Vocês serão orientados em tudo o que fizerem.

Persistam em praticar ações que honrem a Deus. Pratiquem com amor, e não com ressentimento. O mundo é um lugar complexo e cada um de vocês tem necessidades complexas. Deus está consciente de tudo isso.

Existe uma sabedoria maior do que a sabedoria do homem. A cada pequena mudança que vocês fazem neste planeta, vocês provocam alterações que não podem sequer imaginar. Seu Pai conhece os caminhos que vocês trilham.

Quando a jornada terminar, o que trará alegria a suas almas será a consciência de suas missões realizadas, e não os desejos que vocês fomentaram. Vocês dirão como Jesus disse: "Está terminado". Então, sentirão alegria. Arrependimentos diminuem a alegria, mesmo na luz do paraíso.

Prestando atenção às palavras de Deus, vocês encontrarão seus caminhos. Ele lhes dirá para rezar. Vocês devem estar pensando: se Deus já sabe do que precisamos, por que devemos então rezar a Ele?

Muitos pensam que Deus intervém fisicamente na vida terrena. A oração é a energia que move os eventos. Em seus corpos físicos, vocês possuem o conhecimento para fazer com que a energia flua. O trabalho de aprender, crescer e criar oportunidades para que os planos se realizem é a incumbência de vocês na Terra. Quando vocês rezam, Deus se torna seu parceiro nessa tarefa.

A ORAÇÃO EXPRESSA A EXALTAÇÃO A DEUS

Por meio da oração, a humanidade recebe de Deus os dons espirituais da sabedoria, da orientação, da compreensão, da força emocional e, até mesmo, das novas idéias. Tudo o que é bom é um presente de Deus. A maldade vem do egoísmo dos pensamentos, das ações e da busca individual do homem.

Vocês não podem controlar todas as suas experiências, vocês precisam aceitar as vivências com humildade, isto porque vocês aceitaram viver as experiências como lições, para poderem alcançar o crescimento que pretendiam. De alguma forma que não conseguem entender, vocês atraíram cada uma dessas experiências para si. Vocês não conseguem se lembrar desse acordo no estado humano, para que não temam o futuro. A vida é um teste contínuo de crença e de fé. O ser espiritual que os acompanha é corajoso e forte.

A condição humana é determinada para a vida presente. Jesus disse: "É o bastante para cada dia o sofrimento existente nele." Vivam este dia, e não o de ontem ou o de amanhã. Por que suportar cargas dobradas ou triplicadas? Vocês podem mudar o que já foi feito ou viver o que ainda não aconteceu?

A oração de vocês é energia. Ela muda os pensamentos que depois irão resolver os problemas. Vocês têm poder na Terra. Rezem, pois a oração é o seu poder de remover montanhas de antigos problemas.

Rezar não é implorar. A oração é a harmonia que alinha a vontade dos homens com a vontade de Deus. O carma e a situação em que vivem podem ser mudados! Os problemas que foram designados para vocês podem ser trocados. As situações mudam. É verdade meus filhos, Deus Pai pode mudar o que havia sido planejado para vocês. A oração é a luz. Atraiam essa luz para vocês sempre que se sentirem amedrontados e sem palavras. A luz possui tudo de que necessitam.

O tempo é relativo no mundo espiritual. Quando sentirem que algo vai acontecer, aguardem com fé. Vocês estão preparados para obter aquilo que desejam? Isso está pronto para vocês? Nem os anjos e santos sabem exatamente quando as coisas vão acontecer — ou se elas vão realmente acontecer.

Os eventos destinados podem não se materializar, ou vocês podem receber dádivas que não eram previstas. Quando vocês são merecedores de recompensas, Deus garante suas graças. Os carmas que são curados os liberam das terríveis conseqüências que poderiam estar previstas para os seus destinos. A vida é uma aventura.

BUSCANDO A ACEITAÇÃO

O sofrimento faz parte da vida. As bênçãos podem ser reduzidas, mas há bênçãos também no sofrimento. Encontrem a bênção; a dádiva oculta, o caminho para a compreensão e a compaixão.

Rezem sempre para receber o auxílio de que precisam. Vocês possuem a energia que se une à luz da vontade de Deus para fornecer ajuda. Em uma mesma situação, uma pessoa pode sentir-se perturbada enquanto outra pode sentir-se em paz. Por que criar mais sofrimento? Procurem pela felicidade em tudo, o tempo todo.

Cada uma das experiências que vivem é um milagre da vida. Acreditem, meus filhos, no paraíso celeste os anjos invejam suas lutas. Vocês terão tempo para refletir quando estiverem na eternidade. Por enquanto, tirem o máximo de proveito de suas lutas. Por meio delas, vocês aprendem sobre amor e compaixão e sobre como lidar com a energia — e, ao aprenderem, vocês se fortalecem. Vocês não têm que repetir essas experiências. Com o conhecimento, vocês adquirem o poder dos seres superiores. Vocês se tornam anjos na Terra.

4

Um abrigo na tempestade

EXISTE PODER DENTRO DE VOCÊS para acalmar o turbilhão de suas emoções. Os homens estão repletos de pensamentos de medo e de incerteza. Seu Pai sabe que vocês precisam de alimentos, de moradia e de um trabalho que custeie suas necessidades materiais.

Deus quer que todos vocês vivam com alegria e paz. Há um modo de alcançar as dádivas do espírito: rezar. As respostas às preces são dádivas do espírito: aquelas que vocês já conhecem e a intuição para conseguir tudo de que precisam.

Face à tristeza e ao medo, interiorizem-se para se fortalecer. Saibam que vocês são dignos de amor e que são amados. Amem a si mesmos e abram as portas de seus corações para o amor de Deus.

Todas as dificuldades têm uma finalidade. Quem sabe as circunstâncias não os estão guiando para onde vocês deveriam estar? Vejam cada obstáculo como uma mensagem.

O mal pode ser usado indefinidamente. Guardar raiva e ressentimento no coração faz com que vocês não consigam enxergar a bênção presente nos momentos difíceis. Os desafios são a razão de sua existência terrena. A dádiva da vida na Terra é a luta que os fortalece.

O tempo que vocês passam na Terra tem propósitos variados. Um deles é a cura emocional. Os desafios emocionais que vocês vivem agora são uma manifestação de tudo o que está faltando em seus espíritos. As situações que vocês temem, por exemplo, acontecem muitas vezes, até que vocês aprendam a lidar com elas.

Alguns de vocês não lidam com as próprias experiências. Vocês precisam processar a dor até que ela desapareça. Processar significa lidar com os restos de suas tristezas. Isso pode gerar o alívio de sentimentos de tristeza e raiva, que permitirá que vocês compreendam e garantam o perdão a si mesmos e a todos os envolvidos. O objetivo é seguir adiante, e não provar o quanto vocês agiram errado.

Em razão do tumulto do dia-a-dia, há um lugar dentro de vocês, um porto seguro em meio à tempestade, que é sua conexão com Deus. Se ficarem dentro do olho do furacão, vocês não estarão sujeitos à confusão que os cerca. Estando em paz, vocês terão mais tempo para cuidar das antigas feridas.

Rezar é a conexão com a paz interior. Quando se mantêm afastados das situações que levam à raiva e à agitação, vocês produzem menos feridas emocionais para serem cicatrizadas. Cada momento tem um ritmo. Encontrem esse ritmo a fim de criar harmonia em suas vida. Vocês não têm que interiorizar os comportamentos grosseiros dos outros. Pense no que Jesus fez e em como foi capaz de perdoar em meio a toda aquela insanidade.

Rezem para aqueles que criam a desarmonia. Todas as criaturas de Deus estão submetidas à energia superior. Rezem para aqueles que os afligem. Enviem luz para seus corações a fim de que eles não se afastem do caminho divino. Rezem para obter sabedoria e paz interior.

EXISTE UM CAMINHO

Os desafios com que vocês se deparam existem por algum motivo. Os desafios sempre têm um propósito que não é simplesmente o de magoá-los ou de deixá-los infelizes. Tentem achar a causa das dificuldades por que passam. Quando vocês rezam para obter compreensão, descobrem o que é certo e bom. Vocês encontram seu caminho.

Sem passar pelas experiências da vida vocês não alcançam a compreensão. A Terra é uma escola em que vocês treinam as habilidades necessárias para que possam ajudar os que sofrem. À medida que aprendem as lições, vocês vão se tornando mestres.

O propósito da estada de vocês aqui é curar suas fraquezas e ajudar aos outros seres humanos. Lembrem-se disso quando os eventos da vida não corresponderem às suas expectativas. Assim vocês não se sentirão tão decepcionados. Será que é importante ser tão rico quanto o próximo? Olhando para trás, vocês encontrarão a paz ao se lembrarem do que fizeram na vida, e não do que possuíram.

PARA OBTER A PAZ INTERIOR, INVOQUE A LUZ

Todas as manhãs trazem paz à sua vida. Acordem com uma música no coração e com uma prece nos lábios. Em vez de enfrentarem o dia com medo e ressentimento, saúdem o próximo com alegria. Peçam sabedoria e orientação ao Pai Celestial. Concentrem-se na paz de Deus e as respostas irão surgir no decorrer de seu dia. A intuição, os sonhos, os conselhos dos outros, são os meios utilizados pelo Pai para responder às suas dúvidas. A graça de Deus os toca sempre que vocês se interiorizam.

Acreditem: seu Pai ama a todos vocês. Vocês são seus filhos amados. Ele deseja que vocês tenham alegria e paz. Em resposta a suas preces, Ele os abençoará com as dádivas espirituais da sabedoria e da compreensão. Ele os orientará sobre o que estiver em seus corações. Rezem com generosidade para que o bem maior seja alcançado. Rezem para terem acesso à energia, pois as orações limpam o caminho por onde a graça flui até vocês. Todos os dias, uma energia conturbada cria novos obstáculos. Compreendem por que vocês precisam rezar sempre?

Deus é a luz da paz e da cura. Pode ser que vocês nem vejam essa luz, mas quando vocês fazem um apelo, ela vem.

CRIAÇÃO É UM PROCESSO

Para terem a revelação do que desejam obter, criar ou produzir, vocês precisam mentalizar, imaginar e visualizar o resultado final. O passo seguinte é assentar o primeiro tijolo de seu projeto.

Alguns ficam apenas pensando. Outros correm loucamente atrás do que desejam. Outros, ainda, colocam toda a sua energia no frenesi das preocupações. A criação é um processo que deve ser planejado passo a passo. Visualizem o resultado futuro, mas se mantenham no momento presente. Esqueçam os medos, as preocupações e as dúvidas acerca dos passos a serem dados no caminho. A inspiração chega aos poucos. É dessa forma que vocês aprendem a crer em Deus e a viver o presente.

Quando a noite cair, lembrem-se dos sucessos do dia. Em seguida, peçam orientação para alcançar o estágio seguinte. **Para fazer o que lhes foi designado, vocês precisam acreditar que estão sempre sendo guiados.** As escolhas da vida são feitas por vocês. Até mesmo o modo de acolher as orientações é uma opção de vocês: fazer tudo do modo que lhes convém ou da maneira que lhes está sendo recomendado.

Vocês têm garantido o conhecimento necessário para viver no planeta Terra e o livre-arbítrio para decidir o que desejam fazer. Feitas as escolhas, vocês se tornam responsáveis pelos resultados. Alguns de vocês acreditam que Deus é quem faz as escolhas, e que isso os livra da responsabilidade por suas vidas. Acreditem: Deus os ama e irá ajudá-los, mas Ele não é responsável pelas escolhas que vocês fazem. Sempre que pedirem ajuda, Ele estará por perto para inspirá-los e guiá-los, mas as escolhas e suas conseqüências são responsabilidade de vocês.

Vocês não são como robôs na Terra. Se Deus tivesse que escolher por vocês, a vida nada lhes ensinaria. Vocês estão na Terra para aprender o que precisam saber. Cada um é único em suas habilidades, personalidade e compreensão. Todos são necessários.

A GRATIDÃO TRAZ A GRAÇA

Olhem com gratidão para as graças que possuem sempre que estiverem se sentindo tristes. A gratidão é um pensamento elevado e grandioso, que cria energia à sua volta.

Gratidão é o sentimento de louvar e honrar a Deus, o Criador de tudo o que há de bom. Nessa energia elevada, o espírito sente a presença ou a paz de Deus, que é um porto seguro na tempestade. Muitas vezes a energia parece estar presa, e isso acontece porque a vida é um processo. Olhem para a natureza. O que faz um animal quando seus planos fracassam? Será que ele fica com raiva e se lamenta? O animal compreende a vida; ele parte atrás de outra coisa e retorna quando o fluxo muda. Pensem na vida como um oceano, em que a maré abaixa e depois sobe.

A gratidão é o louvor à benevolência de Deus. Quando a energia está baixa, a gratidão recarrega o espírito. A toda hora, um pensamento de gratidão abre os canais de suas almas para o espírito de Deus.

Como seriam suas vidas sem essas mãos que os servem tão bem? Pensem naquele que criou essas mãos. Reparem na comida que vocês comem. Quantas pessoas trabalharam para que vocês pudessem usufruir dela? Olhem para o céu. Vocês podem imaginar quão grande é a sabedoria de quem fez o céu com tantas cores? Pensem na maravilha que são as plantas e os animais e em seu glorioso planeta. Como é possível aos meus filhos esquecerem tantas bênçãos?

Esta mensagem apresenta um refúgio contra o sofrimento. Rezem por tudo de que vocês sentem necessidade, e então serão guiados. Simplifiquem suas vidas. Elas se constituem apenas de cuidar de assuntos complicados que não lhes são úteis? Suas casas possuem utensílios que não lhes servem ou que fazem com que vocês gastem tempo em atividades inúteis? Os bens materiais são um presente para vocês. Deixem que Deus os oriente sobre a forma de cuidar de seu dinheiro.

Quando seus ganhos não conseguirem manter o seu estilo de vida, rezem por uma orientação. Rezem para encontrarem uma forma de viver com o que têm. Deus irá falar ao coração de vocês. Ofereçam-Lhe uma parte. Essa oferta demonstra confiança. Vocês tomarão decisões mais calmas e sensatas, e seus ganhos irão aumentar.

"Não temam o desafio. É um prazer para o seu Pai lhes abrir as portas do reino dos céus."

5

Atravessem o fogo e sigam adiante

EU SOU MARIA. Eu ouço meus filhos dizerem que são viciados, ou vítimas, ou que foram violentados. A identificação com esse tipo de comportamento ou situação faz com que vocês fiquem condicionados ao sofrimento. Identifiquem-se como filhos de Deus. Dessa forma, a situação ruim não permanecerá em seu interior e não se tornará parte de vocês.

Vocês não são o que vivem. Vocês são mais do que uma condição de vida ou que suas fraquezas. Toda a confusão que há no mundo tira a atenção das pessoas de suas práticas espirituais e das promessas de Deus. Honrando a Deus vocês se lembrarão de que são espíritos com o poder de superação.

Espíritos impuros estão trabalhando para separá-los de Deus. As pessoas não sabem como mudar. As vidas estão tão complexas e as condições, insuportáveis.

Conversem com parentes e amigos sobre como melhorar a qualidade de suas vidas — não com vistas a mais conquistas materiais, mas pensando em uma maneira de obter mais bondade em seus relacionamentos e de trabalhar juntos, em união.

Não se apeguem ao egoísmo, à luta pelo poder, à inveja, a ressentimentos e a desgostos. As dificuldades começam em casa, expandem-se para a comunidade e, então, para os governos. Adotem um espírito de cooperação e respeito. Deixem que os assuntos pequenos e mesquinhos que separam as famílias se diluam. São esses mesmos assuntos que causam as discórdias entre as nações.

Os líderes governamentais estão preocupados em obter poder, riqueza e prestígio. Esse é um sintoma da situação que já ocorre nas famílias. As pessoas das classes mais elevadas têm muita responsabilidade nisso. A classe trabalhadora, em muitos países, sente-se injustiçada e desvalorizada em decorrência da atitude de egoísmo e ganância que predomina entre aqueles que têm o poder.

A UNIDADE DO ESPÍRITO SANTO

Os homens não reconhecem a mim, sua Mãe. Eu estou em unidade com Deus e com Jesus Cristo, o Salvador. Eu sou completa, assim como Deus é completo. Nós somos parte da mesma unidade divina. Permitam que eu entre em seus corações.

Vocês não devem ceder às circunstâncias da vida. Fazendo isso, a situação só piora. Vocês pensam que aquilo que vêem no mundo faz parte de suas vidas e, por isso, sentem-se desamparados. Vocês não são uma situação ou uma experiência.

Vocês experimentam sofrimentos no mundo. Não pensem em si próprios como cobaias em uma experiência. Formem uma unidade com Deus, e não uma unidade com as circunstâncias. Distanciem-se enquanto caminham pela vida.

Vocês aprendem observando. Vocês se tornam seres poderosos quando se unem a mim. Confiem em seu Deus e em sua Mãe. Vocês são filhos de Deus — entidades separadas, mas parte do mesmo espírito. Reafirmem sempre sua unidade espiritual com Ele. A eterna verdade de Deus é que vocês são seres espirituais, almas conectadas ao Criador.

Independentemente do que esteja acontecendo à volta, reconheçam sua conexão com o Infinito, o Eterno. Concentrem-se nisso e Deus se fará presente para ajudar.

Fechar suas mentes e suas almas para Deus os afasta da providência Divina. Vocês são privados do fluxo Divino quando alimentam pensamentos ruins. Isolando-se, vocês revivem antigos sofrimentos. Seus pensamentos ficam presos ao passado, e a mente de vocês se torna obcecada pelo medo. A mente fechada não consegue enxergar as oportunidades.

Como podem ouvir a voz de Deus estando aprisionados em medo e insegurança? Como podem mover a energia de forma produtiva afastando-se do fluxo do amor de Deus?

Os sofrimentos são condições cármicas a que todos vocês estão sujeitos. São reflexos do que fizeram, do que acreditam ou do que temem. Vocês podem estar passando por situações difíceis para se purificar ou para ajudar alguém. Acreditem que nenhuma situação dura para sempre. Aceitem! Aceitando vocês reduzirão os sofrimentos do presente e do passado.

Às vezes, uma resposta não soa clara para vocês nessa condição humana. Enfrentem seus carmas e, assim, chegarão mais perto da luz. As experiências terrenas servem para trabalhar o carma.

Antes de chegar aqui, a alma de cada um de vocês foi avaliada, e vocês participaram dessa avaliação. Ninguém está sujeito a sofrimentos aleatórios como a vida parece apresentar. Existem razão, propósito e equilíbrio mesmo nas aflições da vida.

Aqueles que estão à sua volta não poderão lhes dar todas as respostas. Olhem para dentro. Ouçam a voz divina. Aceitem as situações sem desespero. Busquem o Reino de Deus em tudo o que fizerem e, então, alcançarão a compreensão.

O ser humano é separado da Fonte em sua experiência na Terra. Quando o próprio ego se interpõe no caminho ou quando vocês se deixam guiar pelo ego alheio, ocorre um desvio. Liberem esse pensamento. Aceitem as situações com humildade, admitindo que o amor de Deus é a força que os irá sustentar.

RENUNCIAR AO DESEJO NAS EXPERIÊNCIAS DA VIDA

Quando escolhem tornar-se uma unidade com Deus e com o Salvador na experiência terrena, vocês são guiados ao entendimento. Porém, vocês não podem fazer com que as coisas aconteçam. Vocês só podem viver a vida como ela se apresenta. O ego dominante provoca a destruição.

ESPEREM E COMPREENDAM

Sejam gentis com vocês mesmos e com os outros. Assim, não se tornarão vítimas do mundo material e de seus vícios de poder e bens. Internalizando seus sofrimentos, vocês se autodestroem. Externando-os, vocês se livram da raiva e do ressentimento que também os prejudica. Fiquem à parte. Estejam em união com o Criador e não com a situação em curso.

Eu lhes digo: atravessem o fogo e sigam adiante. Não permitam que a dificuldade os intimide e faça com que se esqueçam de Deus.

Existem aqueles que pensam que sabem todas as respostas. É por causa da energia destrutiva chamada ego. Busquem a sabedoria de Deus, e não a opinião daqueles que anseiam por poder. Lembrem-se de que vocês são parte do espírito, do espírito de Deus. Vocês não estão sozinhos.

O que vocês fazem ou têm não está certo ou errado. Não julguem a si próprios nem aos outros. Exijam ser valorizados, lembrando a todos que vocês são os filhos do Deus vivo. Saber que o grande Criador os ama imensamente não é um bom motivo para reconhecer o valor de vocês? Aprendam a amar o próximo e a si mesmos como seres superiores que são.

HONREM O JESUS MENINO

Amar a si mesmo e honrar o espírito eterno são práticas que os equilibrarão. Pensem em seu poder interior quando estiverem com a auto-estima baixa. Sem uma faísca do amor divino vocês não conseguiriam se levantar da cama, comer ou fazer qualquer outra coisa.

Muitas pessoas na Terra não se valorizam o bastante, acham que não são suficientemente bonitas, inteligentes ou bem-sucedidas. Essa idéia atrai ainda mais sofrimento. Suas mentes estão enviando pensamentos nocivos, que contaminam suas vidas. Procurem inspiração naqueles que conseguiram superar as dificuldades. Lembrem-se de que vocês são uma criação de Deus e saibam que, valorizando-se, suas vidas mudarão de forma produtiva. Quando vocês estão internamente bloqueados, o fluxo externo também é bloqueado.

A auto-estima determina quem vocês são e afeta o modo como vocês enxergam a vida. Mantenham a tranqüilidade de sua conexão com Deus. Que a paz esteja com vocês.

Parte II

A alegria de ir em busca de Deus

6

Tempo de contemplação

ESTA MENSAGEM É SOBRE o período de transição a que vocês chamam de morte. Vocês não devem temer esse período, pois a vida também é uma transição. Ao partir da vida física, o espírito está destinado a se dirigir para a luz ou para o plano das trevas.

Aqueles que vivem em grande pânico e confusão ficam, algumas vezes, presos ao plano terreno. São chamados de espíritos mundanos. Um grande medo, uma grande dor ou uma morte súbita pode ser a causa desse estado. Outros espíritos são mundanos por seu apego a pessoas, lugares ou bens.

O caminho para a luz não é complicado. Para alcançar a luz, seus corações precisam estar de bem com Deus, e isso não depende de vocês irem à igreja ou não, embora as igrejas sejam, certamente, lugares onde o espírito de Deus é mais forte. O caminho para a luz requer que vocês sejam generosos aqui, e isso significa amar e servir ao próximo e preservar sua conexão com Deus.

Vocês devem cumprir o contrato que fizeram antes de vir para a Terra ou sentirão arrependimento e remorso ao voltarem para o outro lado. Vocês vieram para trabalhar seus defeitos, e, sendo possível, ajudar de alguma forma a humanidade.

Aqueles que foram para as trevas, aguardam pelas orações da Terra. Estando na Terra, vocês têm o poder de movimentar a energia que desperta àqueles que estão presos na confusão, no desespero, na raiva ou nos muitos arrependimentos relacionados à culpa. O consolo está na essência de todo trabalho espiritual.

Os que estão no plano das trevas e não recebem oração alguma, ficam ali indefinidamente. Às vezes, depois de centenas ou milhares de anos, eles são trazidos de volta à Terra. Muitos de vocês, que estão no plano terreno, são oriundos do plano das trevas. Vir das trevas indica que a alma ainda não foi purificada. Vocês retornam à Terra com alguma contaminação, lembranças e sofrimentos trazidos da vida que vocês deixaram, sem a purificação que deveria ter ocorrido no plano da luz.

Como seria bom terminar o trabalho na Terra e poder dirigir-se diretamente à luz. E vocês ainda seriam poupados da angústia profunda que irão sentir nas trevas por haver desperdiçado um tempo precioso.

A CONFERÊNCIA ANTES DA VIDA

O espírito se reúne com o Conselho antes de retornar à Terra. Este avalia carinhosamente as deficiências que o espírito trouxe das vidas passadas. O Conselho analisa essas deficiências com o espírito e em conjunto, decidem o que precisa ser feito.

O Conselho localiza pais adequados. Pessoas que participaram de suas experiências passadas, que os amaram ou que os fizeram sentir ódio, farão parte de sua experiência na Terra. Este é o carma dos homens: receber conforto daqueles que amaram e livrar-se do ódio contra aqueles que os magoaram ou os fizeram sofrer. Alguns dos que estão no plano da luz também retornam para curar-se de faltas espirituais. Para estes, a jornada cármica é dupla: curar suas faltas e ajudar a humanidade.

A luz é um lugar de paz. Sem luta, a alma tem poucas oportunidades de ganhar força. A força advém das dificuldades no plano da Terra. Competição, desafios e sofrimentos desenvolvem a qualidade da paciência, que é um caminho para o amor.

Retornando da luz para a Terra vocês têm a vantagem de estar purificados de toda a contaminação. Alguns falam brincando "este veio do inferno!" ou "aquele caiu do céu". Essa brincadeira tem um fundo de verdade, mas ainda assim vocês devem ter paciência com aqueles que estão em um plano inferior. Mesmo os mais elevados podem decair e passar algum tempo no plano das trevas.

É sua função estar atento para aprender com aqueles que estão num plano superior. Lembre-se da vida de Jesus. Ele aprendeu e ensinou. A sabedoria é distinguir quando você é o aluno e quando você é o mestre. Posições mais elevadas na Terra são garantidas àqueles que estão mais avançados, ainda que todos possam se elevar e alcançar a luz ou decair e acabar no plano das trevas, estando avançados ou não.

AVANÇANDO PARA A ETERNIDADE

À medida que avançam para os planos mais elevados, vocês retornam à Terra com maiores dons de inteligência e sabedoria.

Vocês são então convocados para ajudar a humanidade de uma forma mais destacada. Deus ama a todos os seus e quer que todos avancem para os caminhos superiores.

Os espíritos da luz os apóiam. Os anjos os observam e são instruídos para orientar seus passos. Todas as experiências no campo superior estão de acordo com a vontade de Deus. O livre-arbítrio, que é o seu direito de optar pelo bem ou pelo mal, só existe na Terra. Não estou dizendo que não há liberdade na luz. A luz é uma energia com tal grandeza de amor que as escolhas são sempre compatíveis com todas as suas habilidades.

Não há nenhum Satã ou Demônio. Esses termos são metáforas para amedrontar, criadas pela fraqueza humana. A humanidade é atormentada por pensamentos malignos, vence quem consegue dominá-los. Quer vocês chamem de Demônio ou de pensamentos maléficos, o desafio é superar quaisquer pensamentos que não sejam de amor.

Os pensamentos baixos, originários do plano inferior, que vocês podem chamar de inferno, vêm daqueles que estão presos lá. Nem todos os que estão no plano inferior querem submetê-los à tentação. Somente aqueles que compartilham dos pensamentos baixos que vocês já possuem, tentam influenciá-los. Isso tem a ver com o nível de energia. Se vocês ocuparem suas mentes com coisas elevadas, seus pensamentos não serão influenciados por espíritos malignos.

Paulo disse corretamente: "Você é enganado quando é seduzido por sua própria cobiça." Aqueles que estão no plano inferior conseguem se fazer atraentes aos pensamentos dos homens. Se suas mentes não sentirem atração pelos pensamentos baixos, vocês não serão seduzidos por eles.

A GRANDE LUZ QUE É O CÉU

O plano superior é o paraíso que foi prometido. Ele é livre de sofrimentos e de incapacidades de qualquer natureza, e é o fim das necessidades físicas e dos desejos. Esse plano é similar à Terra, pois esta foi concebida nos moldes do mundo espiritual.

O trabalho no mundo espiritual se baseia nos talentos que vocês desenvolveram na Terra. Essa é a razão pela qual eu os incentivo a usá-los. Não tirando proveito dos seus talentos, vocês perdem as vantagens que o seu desenvolvimento lhes traria. Essa negligência causa uma cicatriz profunda em suas almas. Vocês irão sentir que gastaram suas vidas em vão e acabarão por se afastar da luz.

Aqueles que se tornam espiritualizados na Terra farão trabalhos espirituais na luz. Aqueles que não evoluírem tanto assim, continuarão a fazer tudo que gostavam de fazer na Terra. Alguns continuam com o mesmo trabalho, enquanto outros encontram ocupação mais adequada; trabalhos, talvez, mais espiritualizados.

A EXPERIÊNCIA NA LUZ

O período na luz antes de retornar à Terra depende das situações a que vocês estavam submetidos. Aqueles que tinham filhos na Terra permanecem na luz para ajudar os filhos e esperar que eles retornem à luz. Aqueles que viviam uma vida de trabalhos espirituais, sem grandes apegos, podem retornar à Terra rapidamente para dar continuidade a esses trabalhos.

A luz é um lugar de restabelecimento, que proporciona a oportunidade de remissão àqueles que agiram mal, de terminar trabalhos incompletos ou de confortar e ajudar àqueles a quem se ama. Os mais evoluídos ajudam aqueles que têm interesses similares. Os espíritos superiores fazem trabalhos espirituais mais elevados. Estes podem até não retornar à Terra.

A luz não é desprovida de arrependimentos. Seus corações podem ter agido de modo correto e vocês podem ter servido ao próximo para alcançar a luz, mas as oportunidades que perderam, a culpa e os arrependimentos decorrentes continuam a acompanhá-los. O período na luz é uma oportunidade para curar toda forma de egoísmo e também de arrependimentos.

Aqueles que estão na luz também precisam de suas preces, assim como vocês precisam de sua orientação. Eles estão na companhia do Espírito Santo. Eles rezam com vocês, pois Deus dá a eles essa graça. A conscientização sobre a oração deve ser aprendida na Terra. Rezar é um daqueles talentos que podem ser perdidos quando não são utilizados.

A luz é o êxtase. Ela é Deus, e também é o homem. Se vocês têm defeitos, eles permanecem como traços de suas personalidades até que vocês evoluam. E vocês evoluem na luz. O aprendizado é lento sem os desafios terrenos. Pode ser que vocês não percam a calma quando tudo se encontra perfeito à sua volta, mas talvez o temperamento de vocês ainda precise de cura. Por isso, vocês podem ter que retornar à Terra.

CONTATO ENTRE OS PLANOS

Tanto os que estão na luz quanto os que estão nas trevas podem ver a Terra, a menos que tenham perdido a razão. Os suicidas e aqueles com perturbações mentais, como a demência, não são capazes de interagir com os que estão na Terra.

Alguns de vocês tremem ao pensar que aqueles a quem amaram estão vendo tudo o que vocês fazem. No entanto, vocês sabem que Deus os está observando e nem assim mudam os comportamentos que são insensatos. Será que os parentes e os amigos são mais importantes para vocês do que Deus? Observar a Terra é uma graça concedida àqueles que morrem. Tanto na luz quanto na escuridão, os espíritos estão vendo o que vocês fazem. Muitos espíritos retornam para visitar aqueles que eles conheciam e amavam. Quando vocês pensam no espírito de seus parentes, eles vêm vê-los.

SUA JORNADA NA TERRA

A tarefa de vocês aqui é desenvolver sua espiritualidade e processar suas dores e arrependimentos quando eles acontecerem. Muitos de vocês estão presos a antigas culpas. Vocês podem desfazer o que já foi feito? Perdoem-se, assim como seu Pai os tem perdoado. Respeitem-se, reconhecendo que vocês têm se comportado de acordo com a sua compreensão.

Peçam que Deus os ajude a perdoarem a si mesmos. A culpa é o desejo de fazer as coisas ao seu modo. No entanto, vocês não podem fazer tudo na vida da maneira como querem, principalmente mudar o que já foi feito. E mesmo assim vocês continuam se punindo.

A razão pela qual vocês precisam de perdão é que a culpa os faz optar pelo plano das trevas e os impede de progredir. No passado, a Igreja reconheceu isso e formalizou as confissões. Disseram aos protestantes que se confessassem a Deus. Todos tinham como se livrar das culpas, que são como uma praga para a alma.

Meus filhos, eu peço que perdoem a si próprios por estarem perdendo tempo revivendo o passado. Vocês não estão fazendo o que concordaram em fazer quando se liberaram das antigas culpas. Há uma razão para que vocês sejam instruídos a perdoarem os outros e a si mesmos.

A culpa não serve para nada. Não há o certo e o errado na eternidade. Vocês pensam em suas boas ações com a mesma freqüência com que pensam em seus erros? Quando Jesus disse "Eu te perdôo. Vá e não peques mais", ele quis dizer que estava livrando a mulher de sua culpa e prevenindo-a para que não fizesse mais nada que causasse arrependimento.

VIVER É EXPERIMENTAR

Tudo pode ser bom e certo. À medida que amadurecem vocês se tornam menos egoístas. Vocês passam a tomar atitudes em prol do semelhante em vez de cometer atos que magoam a si mesmos e ao próximo. A forma de se livrar da culpa é compensar aqueles a quem magoaram. Caso tenham magoado somente a si próprios, amem-se. Esse é o desafio. Aqueles que não se perdoam enterram suas culpas em drogas, álcool, comida ou outro vício. Amem e cultivem a criança que há em vocês, filhos do Todo-Poderoso Deus-Pai.

O DESAFIO DO SUICÍDIO

O suicídio é um daqueles atos que impedem que se alcance a luz. Nele há uma desintegração. O espírito, a alma e a mente separam-se em autodestruição. Deus não condena ninguém. A alma de cada um escolhe entre o lugar onde há luz ou trevas, de acordo com a sua situação.

O suicida cai para um local inferior no plano das trevas. Quem se autodestrói perdeu toda a razão, e é essa ausência de razão que provoca o suicídio. Os suicidas precisam de muita oração da Terra que os ajude a encontrar o caminho para a luz. Não abandonem aqueles que precisam dessas preces. O Pai quer que todos os seus filhos encontrem a luz. Seu amor e suas orações ajudam aqueles que vocês amam a evoluir.

Encontrando a luz ou as trevas depois da morte, a tarefa de vocês é perdoarem a si mesmos, refletir sobre suas vidas e aproveitar a oportunidade para seguir em frente. A jornada para a montanha sagrada, onde Deus reina, requer que vocês fiquem atentos a suas vidas.

7

Sua mais importante missão

MEUS FILHOS, EU OUÇO suas reclamações de que Deus não intervém com muita freqüência em suas experiências terrenas. São muitos os motivos para isso. A Terra é um campo de treinamento. Quando um pai ajuda o filho em todos os seus problemas, o filho pode acabar impotente e dependente ou tornar-se ressentido.

As lições terrenas servem para ensiná-los sobre o impacto de seus pensamentos e ações. Vocês estão aqui para experimentar. O mundo espiritual, ao contrário, é um local para descansar e se restabelecer. Vocês ficarão surpresos ao saber que aqueles que estão no mundo espiritual invejam suas lutas, pois delas decorre o crescimento. Os espíritos que partiram antes de vocês arrependem-se de não haver acolhido as próprias lutas e trabalhado mais, usando-as para evoluir.

Deus não os abandona nos momentos difíceis. Todos os dias, Ele espera um chamado para falar aos seus corações. Essa comunicação é possível quando vocês abrem suas mentes para ela. Para ouvir a voz de Deus, é preciso primeiro remover a energia destrutiva ou desequilibrada que está ao seu redor, pois, nessa energia baixa, a mensagem de Deus se perde em meio aos pensamentos desordenados.

Rezar e refletir ajuda a desobstruir os canais que lhes permitem ouvir a mensagem de Deus. Eu aconselho aos meus filhos que rezem o terço. Caso essa não seja a oração que mais os alivia, usem qualquer outra oração ou meditação que os acalme.

A energia mais destrutiva é a energia do medo, e algumas de suas muitas manifestações são o egoísmo, o ódio, o desespero e o preconceito. Essas forças destrutivas não permitem que vocês se concentrem em pensamentos mais elevados.

A perda de contato entre o coração do homem e o coração de Deus tem conseqüências terríveis. Todos vocês estão familiarizados com elas, às quais vocês se referem como "problemas". As orações e a gratidão transformam sua energia destrutiva em energia elevada.

A oração sincera abre seus canais de comunicação com Deus relacionados a todas as situações. Assim que terminarem de rezar, se quiserem receber a sabedoria infinita e a orientação do Pai, parem um momento para ouvir. Pensem em como se esforçam para serem ouvidos na Terra em meio a todos os sons físicos. O Pai não vai se intrometer em suas vidas se vocês não estiverem prontos para ouvir. Ele fala por meio da voz baixa e delicada de um simples pensamento.

COMO A HUMANIDADE SERÁ PURIFICADA

Situações de miséria e de sofrimento no mundo são uma forma de purificar o espírito. A confusão climática na Terra é uma resposta à mente dos homens. A atmosfera terrestre reage à raiva, à ganância, à inveja, ao preconceito, à intolerância e a todas as perturbações espirituais, produzindo condições ambientais extremas.

Essas situações de miséria e de privação são respostas cármicas a um acúmulo de pensamentos desajustados nos últimos dois mil anos. Esse desequilíbrio climático está ocorrendo para despertar a humanidade. Como sempre, Deus age com amor. Situações infernais existem tanto na dimensão terrena quanto no plano das trevas para ajudar os mais teimosos a aprender a ouvir.

Quando estão na Terra vocês ficam tranqüilos, confortam-se com os prazeres da carne e fazem de tudo para não prestar atenção ao incessante clamor de seus corações por Deus. Alguns se recusam a ficar sozinhos em silêncio, pois sabem que assim irão escutar aquela voz interior que suplica por uma mudança. Logo essa súplica irá tirá-los da inércia.

Situações de desolação fazem com que vocês se lembrem de seus caminhos espirituais. Aceitem e não fiquem ressentidos. A aceitação permite que vocês superem mais rapidamente as dificuldades. Aceitação significa amor incondicional, sem preconceitos. Para obter a felicidade verdadeira procurem a face de Deus.

É muito importante que vocês não percam de vista o quadro geral. O ressentimento, que é tão humano, é justamente o sentimento que aumenta o sofrimento. Vocês já repararam duas pessoas próximas passando pelas mesmas provações? Uma aceita e está em paz; a outra está enfurecida. E eu pergunto a vocês: qual das duas sofre mais?

CONCENTRADOS NO CAMINHO ESPIRITUAL

A vida não é somente as situações que ocorrem. O objetivo de suas vidas é desenvolver uma alma eterna. Aquele que guarda rancores não apenas prolonga o sofrimento, como também perde as benesses que vêm com a aceitação. O propósito dos grandes sofrimentos é induzir quem sofre à grande compaixão. Pensem no sofrimento de sua Mãe Santíssima quando da morte do filho de Deus, Jesus. Suas vivências lhes dão a oportunidade de aprender o que há de mais elevado.

Pensem em suas vidas e em todas as suas experiências como uma grande dádiva. Não acrescentem mais sofrimento às suas dificuldades com pensamentos de desesperança. Vocês já sabem que significam muito mais do que suas fraquezas e seus problemas. E também são muito mais do que seus corpos físicos e seus bens.

Vocês são mais importantes em suas habilidades e na unidade com o Criador, do que em tudo o que aprendem ou experimentam nessa vida. Existe um reservatório de sabedoria que é suficiente para a eternidade. Suas mentes possuem uma conexão com esse reservatório infinito de sabedoria, que é a mente de Deus. Toda a sabedoria de Deus está disponível para ajudá-los, assim que vocês solicitam.

Seus desejos são atendidos por Ele, que respeita suas vontades quando o resultado de suas escolhas e pedidos não interfere com os compromissos que assumiram. Ao dizerem com confiança "Seja feita a vossa vontade", vocês estarão se unindo à infinita sabedoria de Deus.

ACEITANDO QUE A VONTADE DE DEUS TRAZ A GRAÇA

Alguns de vocês acham que Deus só impõe sofrimentos. Estes não dizem "Seja feita a vossa vontade", temendo que a vontade de Deus para eles seja inferior às suas próprias vontades. O amor de Deus é tão grande que vocês não têm como compreendê-lo na existência humana. Rezar com amor pela vontade de Deus é expressar uma profunda humildade que leva a graça para dentro de vocês. Essa aceitação os conduz através das lições que, sem ter consciência, vocês estão tentando aprender. Tão logo seus corações estejam alinhados com a vontade de Deus, muitos de seus problemas irão terminar.

Aqueles dentre vocês que têm vidas muito confortáveis tendem a cochilar no caminho. Não se esqueçam de seu Pai e de servir ao próximo. As dificuldades surgem para despertá-los desse sono da vida terrena. Muitos acham que existe somente um corpo e o acúmulo de posses. A cobiça e a preocupação com os bens materiais lhes restringem o crescimento.

De que outra maneira vocês poderiam despertar para o trabalho na Terra, a não ser perdendo tudo que os prende ao pensamento tridimensional? Sem sofrimento, muitos se sentem confortáveis e se acomodam ao hábito de não pensar em suas almas eternas.

Por que não começar agora a jornada espiritual? Encontrando-a vocês serão poupados da sacudidela necessária para que partam à sua procura. Vocês são profundamente amados pelo Pai e pela Mãe Santíssima, e nós desejamos que vocês tenham uma vida feliz. Vocês escolheram viver situações difíceis para que elas os ajudassem a crescer. Por que não aprender logo as lições antes que seja preciso sofrer mais?

8

O espírito eterno

HOJE VAMOS FALAR SOBRE quem vocês são. Místicos de todos os tempos vêm encontrando respostas. Vocês são seres eternos, vivendo agora em corpos mortais limitados. Tudo na vida tem um sentido, o que significa que todas as experiências também têm um sentido.

Vocês estão aqui por um tempo limitado; para aprenderem algumas lições bem simples. Tão logo as aprendam, terão uma vida de felicidade. Não é uma boa razão para se aplicar?

Compreendam que vocês são o produto do treino e das experiências que tiveram. Mas, isso é verdade até certo ponto, pois vocês são bem mais do que as experiências e do que o conhecimento de todas as suas vidas. Vocês são a sua capacidade, que é a de se igualar ao grande Pai Celestial.

Essas experiências e conhecimentos limitados que os confundem podem afastá-los de seus destinos divinos, caso vocês bloqueiem suas mentes a novos aprendizados. Vocês são mais do que tudo o que sabem e do que tudo de que se recordam.

Vocês foram criados como uma faísca luminosa, um espírito, almas da mesma natureza que a de seu Pai. Vocês têm alma e espírito eternos que já viviam muito antes de vocês chegarem à vida presente. Vocês viveram eras como espíritos, e séculos alternando ora como espíritos, ora como seres físicos. Vocês já tiveram um corpo físico antes e ainda terão outros. O plano físico é onde aprendemos e crescemos, e por isso existem na Terra tantos desafios: são eles que os forçam a reagir de algum modo.

O mundo espiritual existe para o descanso e para a recuperação. Nele podemos avaliar o que fizemos na Terra. O mundo espiritual não é desprovido de oportunidades de aprendizado, ainda que vocês aprendam melhor quando estão lutando na Terra.

Na condição terrena, o espírito recebe um corpo com marcas genéticas específicas de inteligência e compreensão. Vocês recebem um certo grau de inteligência e vários talentos ou habilidades, compatíveis com o que herdaram das experiências anteriores.

Os talentos, aptidões, habilidades e capacidade de compreensão que vocês souberam utilizar bem no passado lhes dão o direito de receber maiores atributos nas vidas seguintes. Esse é o grande significado da história bíblica que fala sobre aptidões. Aqueles que têm uma voz maravilhosa e nunca encontraram uma maneira de compartilhá-la com os outros ou de desenvolvê-la não receberão esse dom novamente, até que façam por merecê-lo.

A inteligência também é um dom. Espíritos novos na Terra têm interesses e habilidades bem simples. À medida que eles se desenvolvem, mais lhes é dado. Um espírito pode se desenvolver ou decair. Quando vocês usam em sua condição humana tudo o que lhes foi dado, e desenvolvem suas habilidades ao máximo, aproveitando toda a capacidade e todas as oportunidades que têm, é porque estão trilhando corretamente o caminho da vida. Vocês se alegrarão quando alcançarem à luz.

O CRESCIMENTO É FUNDAMENTAL PARA TUDO NA VIDA

O propósito na Terra é tanto universal quanto individual. Todos têm os mesmos propósitos maiores que são: ajudar os outros, desenvolver as habilidades e crescer espiritualmente. E cada um tem também um propósito específico que é só seu, para esse destino individual, vocês lutam de maneira única.

Antes de virem para a Terra, vocês foram avaliados por seus sucessos e fracassos. Vocês podem seguir um padrão em seus fracassos ou podem ter uma deficiência significante que sobressaia neste momento particular de sua eternidade.

O Conselho, um grupo de sábios cuja função no mundo dos espíritos é direcionar as novas almas, assinala com amor os traços que vocês precisam desenvolver. O Conselho os designou para viverem situações que melhor irão desafiar suas deficiências durante seu crescimento. Isso normalmente inclui determinadas experiências na infância e orientação para certos trabalhos na vida adulta.

A VIDA COMO UM CAMINHO PARA A GLÓRIA

As experiências são escolhidas para vocês e com vocês — são vocês que fazem todas as escolhas na vida. Vocês aceitaram viver todos os desafios que estão enfrentando agora. Na condição humana, vocês podem pensar que não estão no controle de suas vidas, mas vocês têm opções. As escolhas que fazem são sua forma de reagir às experiências. Por exemplo: vocês não são responsáveis pela enchente, mas pela forma como ajudam as vítimas dela. Tudo na vida é parte do desenvolvimento de suas almas imortais.

Aceitando a vida como ela é, vocês se beneficiam das oportunidades de crescimento. Ajam como se fossem os criadores de suas experiências, pois essa é a vida de vocês. Resistindo às experiências vocês estarão ignorando as lições. Cada experiência tem um propósito, escolhido em decorrência de uma necessidade, em um determinado momento.

Muitas vezes vocês ouviram que deviam perdoar a si mesmos. De certo modo, isso é complicado, pois não há escolhas certas ou erradas. Existem escolhas inteligentes ou menos inteligentes, o que não quer dizer que não haja conseqüências para as escolhas. As conseqüências são a razão das escolhas: ensiná-los por que algumas decisões são inteligentes e outras não.

Culpa e medo os mantêm alheios às tarefas atuais. A culpa é o mar mais profundo da vida. Nadem em direção ao litoral. Compensem aqueles que foram magoados. Caso não tenham magoado ninguém, então amem e cuidem de vocês mesmos para curar a tristeza de suas almas pelas escolhas que fizeram e das quais agora se arrependem. Acreditem ou não, vocês podem ter optado por cometer erros para aprenderem como se curar da culpa ou para experimentarem as conseqüências de suas escolhas.

O SER REAL: UMA LENDA NO TEMPO

Alguns de vocês foram importantes para a história. Todos têm capacidades inimagináveis. Minha mensagem de hoje para vocês é que comecem a amar e a respeitar a si mesmos. Assim, vocês farão um esforço maior para enxergar a pessoa que vocês já são.

Seu Pai sabe como vocês lutam. Ele conhece as condições terrenas que podem destruir a auto-estima. Vocês precisam renascer das cinzas todos os dias, como uma fênix. Um dia a luta terminará e vocês estarão em um lugar melhor.

Vocês são seus próprios juízes, aqui e na outra vida. Por que não começar agora a usar toda a capacidade que vocês já sabem que possuem? Hoje vocês fizeram o melhor trabalho que puderam? Tentem novamente amanhã. Já que vocês são juízes tão exigentes, pensem em como gostarão mais de si mesmos fazendo o que consideram ser o seu melhor.

O amor é uma grande energia que intensifica a vida. Comecem os dias se amando, sabendo que vocês são a maior criação do Pai Celestial. Quando tiverem aprendido a amar a si mesmos, amem os outros com a mesma intensidade. O amor é o óleo que lubrifica a máquina da vida.

Quanto mais dura a jornada, mais precisamos desse óleo. Jesus disse: "Amar é cumprir os mandamentos." Isso significa que, amando de forma verdadeira, vocês estarão fazendo exatamente o que vieram fazer. O amor dissipa o medo, cura arrependimentos e faz com que nos concentremos no momento.

Quando não souberem o que fazer, pensem no que fariam se fossem destemidos e tivessem bastante óleo do amor. Reparem no anjo que toca em suas frontes. Amem esse ser maravilhoso, criado por Deus, que existe em cada um de vocês. A hoste celestial observa suas vidas com grande interesse. Nós somos pais dedicados. Pensem nisso.

9

Superando

VOCÊS JÁ NOTARAM QUE A VIDA tem uma seqüência e um ritmo? Para observar isso é preciso estar a uma certa distância. Vocês têm tentado fazer seis coisas ao mesmo tempo ou controlar tudo? Uma única coisa é o suficiente para cada momento. A vida tem uma ordem divina.

Nessa ordem reside a felicidade. Os pequenos confortos da vida são bênçãos pelo trabalho que vocês vêm fazendo em sua alma. Aceitem essas bênçãos com amor e gratidão. Pensem nelas com gratidão, glorificando a sabedoria criativa.

Quando recebem suas bênçãos com humildade, elas lhes dão força e oportunidades para que comecem a ajudar a humanidade. Alguns esquecem que tudo o que têm foi dado por Deus e utilizam mal esses presentes cometendo excessos, viciando-se ou sendo egoístas. Vocês podem viver a vida com grande conforto, sem pensar nos outros, mas em algum momento suas almas irão optar por mais sofrimentos, para resgatar o que vocês perderam com o egoísmo.

Esta mensagem é para lembrá-los de que cada um tem a sua trajetória. Não invejem o próximo. Aquele que tem mais bênçãos já fez por merecer o que possui agora. Se ele se perder em sua trajetória, terá que experimentar novas provações.

Existe uma ordem no Universo que vocês não conseguem ver da perspectiva desse curto período de tempo no qual enxergam com os olhos de uma criatura humana. Busquem a compreensão espiritual. Isso os ajudará a aproveitar as oportunidades de modo prático. Quanto mais progredirem, mais compreenderão, e mais fácil será. Eu vim para trazer alegria.

De que maneira o homem busca a alegria espiritual? A alegria vem da luz de Deus. O espírito de Deus está em tudo o que Ele criou: nos seres humanos — mesmo quando eles se encontram desencaminhados —, na natureza, em suas mentes e em seus corações, responsáveis pela conexão com Deus.

Algumas vezes os desafios terrenos parecem assustadores, razão pela qual todos os dias vocês devem procurar por sua conexão espiritual. Olhando com olhos de tristeza e desespero, vocês verão tristeza e desespero.

Olhem com olhos de paz e amor. Certas dádivas espirituais são como o ar que respiramos: só precisamos inspirar para recebê-las. **Ao amanhecer, peça pela paz de Deus. Um fluxo de paz interior os irá perpassar. Se não estiverem concentrados em pedidos ou graças vocês não sentirão o fluxo dessa paz.**

O fluxo de paz divina remove a agitação, a tristeza, o medo e a confusão que podem ter assaltado suas mentes durante a noite. Toda vez que vocês rezam com as mentes abertas, a paz se estabelece em seu espírito.

A SABEDORIA E A ORIENTAÇÃO SÃO CONCEDIDAS QUANDO PEDIMOS

Com um simples pedido, vocês também podem garantir orientação e sabedoria. As dádivas espirituais são concedidas logo. Não se requer muito para consegui-las. É preciso que estejam calmos, que peçam e que tenham o coração limpo, ou seja, que queiram ser guiados para o que é certo, e não para um caminho onde possam ferir o próximo ou buscar o que não é bom para vocês.

Mantenham a paz de Deus com vocês por todo o dia. Quando a agitação surgir, não fiquem oprimidos pelo medo e pela confusão. Todas as criaturas de Deus são vulneráveis ao amor. Mantenham o amor de Deus em seus corações para que vocês possam servir de luz para os outros.

A energia do mundo espiritual é ilimitada. Vocês precisam da energia estimulante de uma Mãe? Eu sou a Mãe abençoada. Vocês precisam de força e poder? Peçam a Deus. Ele enviará o anjo certo ou um santo para restaurar-lhes as forças.

Minha mensagem constante, meus filhos, diz que vocês não estão sós. Vocês podem se recusar a receber ajuda, se assim quiserem. Abrir o coração para receber ajuda é tão simples quanto fechá-lo. Peçam com humildade. As dádivas espirituais são suas por direito divino.

Com a ajuda de Deus vocês se tornarão poderosos. Alguns vêem os poderosos como egoístas. Confiem em Deus. O poder egoísta é concedido para ensinar aos outros lições. Aqueles que praticam atos de egoísmo, ou que agem de forma maldosa, responderão pelos seus atos. Antes de ir para a luz, a alma presta conta de seus atos.

A alma de quem viveu em egoísmo se coloca em um lugar que lhe é apropriado. Viver em amor e em gratidão tem suas recompensas. Vocês são amados com a devoção de um pássaro por seus filhotes. Amar a si mesmo e ao próximo do modo como são amados traz felicidade aos seus dias.

VOCÊS PODEM SER SALVOS

Deus é luz. Ele foi chamado de Pai Iluminado. Essa luz é para vocês. Em sua bondade, Ele está sempre pronto a estender seu amor e generosidade para os filhos amados.

Vocês não têm que implorar. Clamem pela Luz que contém toda a graça Divina. É possível imaginar que vocês nem precisam falar a Deus sobre suas necessidades? Ao clamarem pela Luz, tudo o que é divino torna-se disponível para vocês.

Nas situações horríveis, em que vocês gritam por socorro, os anjos são enviados para ajudá-los. Os espíritos elevados de Deus os servem na Terra. A luta na Terra é tão importante que todos os seres celestiais lhes são acessíveis. O espírito onipresente de Deus pode ajudar a todos ao mesmo tempo.

10

A vida como oração

CADA UM DE VOCÊS TEM em si o poder de cura; um poder que é acessível e mais forte que o poder de destruir. A condição humana é única nesse particular, pois mesmo como corpo espiritual, no mundo espiritual, o homem tem essa capacidade peculiar. O corpo físico vem equipado com uma consciência especial que movimenta a energia. Saber que ao lado de Deus vocês não estão sós ou desamparados é importante para estabelecer a paz interior. Praticar essa capacidade de conexão com Deus requer um profundo comprometimento espiritual. Deus falou a vocês através de Moisés: "Vocês irão me encontrar quando me procurarem com fé."

Essa qualidade deve ser bem desenvolvida no plano terreno, caso contrário, ela não lhes será concedida na próxima eternidade. Sem o poder de se conectar com Deus, vocês não avançam de forma significativa. Essa dádiva ou poder é a oração. Rezar não é tão simples quanto dizer algumas palavras, embora esse seja, sem dúvida, um começo. As palavras devem vir do coração.

Quanto mais avançados são seus espíritos, maior poder vocês têm sobre os problemas. Todos passam por vidas de aprendizado para saber o que sabem. Alguns avançam a passos lentos, enquanto outros, ansiando por tornarem-se sábios e úteis como os santos, trabalham diligentemente para obter crescimento. A escolha, como sempre, é de vocês.

A oração movimenta a energia. Quando vocês rezam, a energia se concentra em uma corrente de eletricidade para fortalecer a mente daqueles a quem suas preces se dirigem ou para colaborar na situação que os está desafiando. Rezar eleva a energia interior criando condições melhores para vocês, mesmo enquanto estão rezando. Ao elevar suas mentes ao plano divino, seus pensamentos e orações se unem à mente sublime de Deus. Os anjos, ou alguém apropriado para responder às suas súplicas, são enviados com respostas.

O trabalho de cada espírito é ajudar os outros espíritos que estão ao seu lado ou na Terra. A hoste divina e todos os espíritos, elevados ou não, sabem a vontade de Deus. Os espíritos que estão na luz já se livraram do egoísmo, que é parte da condição humana. Todos eles recebem com agrado a oportunidade de implementar a vontade de Deus — de que a humanidade se torne mais amorosa.

O PAI COMO BENFEITOR

Rezar por orientação para conseguir um emprego ou um meio de suprir as necessidades físicas é justo e correto. Rezar por oportunidades é fazer a sua parte. Pensem primeiro sobre o que seu Pai quer para vocês e depois rezem com fé, então receberão orientação.

"Guie meus passos. Mostre-me, Pai, o que é o melhor para o momento presente", é uma oração que demonstra confiança.

Quando rezam pedindo para agir com sabedoria nas decisões diárias, vocês deixam de ir ao encontro dos obstáculos que causam problemas. A sabedoria de Deus lhes é acessível em todas as decisões. Nas vezes em que agiram sem a orientação de Deus e foram facilmente resgatados da irresponsabilidade, vocês aprenderam a lição? Vocês buscam a conexão com a sabedoria superior?

Acreditem que Ele ouve todos os seus pedidos. Suas orações honram ao Pai, o Criador que zela por vocês. A oração que os conecta a Deus chama a *atenção divina* para a sua condição. O livre-arbítrio permite que vocês escolham suas experiências, mas por que escolher lutar sozinho se vocês podem receber ajuda?

Acreditem que a ajuda chegará na hora certa. Quando vocês rezam imaginando resultados terríveis, estão acreditando que Deus não tem como ajudá-los em seus pequenos problemas. Os pensamentos negativos são tão poderosos quanto as preces; por isso, vocês têm que rezar com fé.

Medo e preocupação carregam uma energia baixa, não só atraem as dificuldades, como também os prendem a elas. Isso acontece em razão de pensamentos e atos que vocês praticam quando estão preocupados ou temerosos. Deus é amor. Ele não os pune por suas fraquezas. *Seus pensamentos criam a energia desequilibrada que é a fonte das situações complicadas.* As dádivas de Deus lhes são ofertadas quando vocês se elevam até a mais alta energia.

Rezem com amor. Rezem com gratidão. Rezem sentindo alegria pela vida. Em situações de tristeza, sentem sozinhos e agradeçam as inúmeras graças que receberam na vida. *Essa gratidão os tirará do desespero.* Comecem então a rezar por aqueles que precisam de ajuda. Quando sua energia estiver mais elevada, suas preces serão mais fortes. A fé faz revelações maravilhosas.

ORAÇÕES DE INTERCESSÃO

A nova mensagem sobre orações é: uma oração para muitos funciona tão bem quanto "um batismo" para muitos ou o sofrimento de um Salvador por muitos. A energia não é distribuída igualmente dentre todos os que estão em um grupo. **A energia de sua oração vai com força total para cada um do grupo!** Pensem no bem que suas preces podem fazer!

Pensamentos podem ser irradiados tal como as palavras. Imaginem a luz e o amor do Pai unindo-se aos seus pensamentos e sendo irradiados para aqueles a quem vocês dedicaram uma oração. Para rezar por paz em um país, pensem na hostilidade do líder de um dos lados. Rezem com o pensamento nesse líder. Rezem para que ele tenha sabedoria e compreensão, para que tenha paz e amor em seu coração e imaginem o coração dele amolecendo. Veja sua mensagem chegando a todos aqueles que necessitam pensar de forma diferente.

Enviem uma onda de luz e de amor que atinja a todos que estão do lado dele e a todos que lutam contra ele. Imaginem o resultado final: pessoas retornando felizes a suas casas. Essa abordagem pode ser usada em todas as orações. Digam suas orações para um, mas enviem a luz de seu amor a todos que estão em situação similar, seja para os que estão doentes, viciados, solitários, perturbados ou para aqueles que se encontram em necessidades financeiras.

Rezem com muito amor e piedade em seus corações. Cada um tem um poder de oração único para as situações que mais lhes tocam. Alguns podem curar, outros podem acalmar tempestades. Uns podem enviar bondade e sabedoria para onde só há insanidade. Todos são necessários. O seu poder de oração é uma dádiva preciosa.

Orações de amor e compaixão pelo próximo se unem imediatamente à energia divina do Pai. Essas orações conduzem o grandioso amor de Deus ao ponto exato em que estão aqueles que habitam os corações de vocês. Orações de amor curam o egoísmo inerente à condição humana. O amor guiará a humanidade para um mundo melhor.

Quanto maior o amor e a compaixão de vocês, mais poderosas serão suas preces. Vocês não rezam sozinhos. Os anjos e santos estão rezando com vocês. Sua energia na Terra é muito grande. Creiam que vocês têm o poder necessário para que as preces alcancem resultados.

A PROTEÇÃO INFINITA

Quando a oração é egoísta, ela não traz resultados, pois fica faltando a energia do mundo espiritual para juntar-se a ela. O mundo espiritual está em perfeita sintonia com a vontade de Deus. Orações egoístas, aquelas que não pedem pelo bem maior, são ignoradas pelo bem de vocês. Quando rezam para o próprio engrandecimento, vocês rezam sozinhos.

Orações promovem milagres, combinando a consciência daqueles que habitam o plano físico com a energia divina do mundo espiritual. Os anjos estão sempre conectados para se unirem às suas orações. Deixem que a imagem de anjos rezando junto a vocês permaneça em seus pensamentos enquanto rezam. Isso criará uma energia de fé mais forte. Vocês podem se imaginar de mãos dadas com os anjos enquanto rezam. Orações de amor curam o mundo.

PARTE III

Minha paz está com vocês

11

O outro lado

HOJE FALAREI A VOCÊS SOBRE o mundo espiritual. Há muito equívoco sobre o que é bom ou necessário na busca do caminho elevado que os guia à luz. Deus Pai, o Criador, enxerga os corações.

Todas as religiões e orações que honram a Deus são respeitadas por Ele. Quando me refiro a todas as religiões e a todas as fés, é isso mesmo o que eu quero dizer. Respeitem as crenças e conhecimentos de seu próximo.

Missões e missionários tentam alcançar àqueles que têm outras crenças. Esses missionários muitas vezes abordam os que se perderam no caminho. É muito importante que a violência não seja parte dos esforços para ajudar o próximo. A dádiva de Deus é uma opção. Acreditem no amor.

Aqueles que foram criados no mundo cristão são privilegiados por ter vivido sob os ensinamentos de Jesus. Seus ensinamentos são de amor pelo próximo. Jesus contou histórias sobre as verdades eternas. Os mais importantes no reino dos céus são aqueles que tratam o próximo com bondade.

Aprendam a amar. Julgar o próximo, acreditando que vocês sabem o que é certo, não é um ato de amor. Pessoas de todas as religiões, e até mesmo aqueles que não têm religião, podem vir para a luz.

Os cristãos sabem que Jesus está no portão do reino dos céus. Eu, sua Mãe, também estou lá. O mundo perdeu de vista a Mãe Abençoada. Eu também os estou esperando, assim como Jesus e o Espírito Santo.

O CORAÇÃO PURO ENCONTRA A LUZ

Os protestantes acreditam erroneamente que saber sobre Jesus já é o bastante; que os mortos não vão para a luz e que rezar em favor destes é perda de tempo. Vocês precisam ter seus corações puros e isentos de culpas e arrependimentos para entrar no reino dos céus. O plano das trevas é um lugar de dor e tristeza. A permanência nesse plano inferior não é eterna, embora muitos possam ficar lá por milhares de anos se não receberem as suas preces. Acreditem, meus filhos, milhares de anos é quase uma eternidade na escuridão fria do lugar que vocês chamam de "inferno".

Suas orações são tão necessárias para aqueles que estão nas trevas quanto para seus irmãos na Terra. Avancem, meus filhos. A eternidade é longa. Deus é bom, e vocês estão em uma extensa jornada para se tornarem santos.

O espírito de Deus também habita o plano inferior. Já foi dito: "Se eu fizer a minha cama no inferno, mesmo ali a mão de Deus me guiará." Se a ninguém fosse permitido sair do plano inferior a que vocês chamam de inferno, por que Deus se incomodaria de guiar aqueles que lá estão? Deus quer todos os seus filhos em casa. Ele não os julga ou condena. Vocês mesmos escolhem o lugar que lhes convém.

Deus criou os espíritos muito tempo antes de eles se unirem aos corpos físicos. Vocês foram todos criados de uma só vez. Antes de virem para a Terra, vocês concordaram em fazer certos trabalhos para fortalecer seus corpos espirituais.

Assim que morrem, vocês revêem toda a sua experiência terrena. Vocês relembram o acordo que fizeram antes de vir para a Terra. Vocês são confrontados com os momentos em que não agiram com amor. A graça de Deus é estendida a vocês. Se tiverem desperdiçado suas vidas com egoísmo, suas almas ficarão repletas de dor e de repugnância.

O PERDÃO OS INDUZ A SEGUIR EM FRENTE

A culpa pode mantê-los presos no plano inferior. É por isso que eu digo: livrem-se de suas culpas e curem suas vidas. Se algo no passado faz com que vocês se sintam culpados, perdoem-se. Se vocês podem ajudar a curar aqueles a quem magoaram, façam isso. Todas as experiências são perdoáveis. Deus é amor absoluto e incondicional.

Jesus veio à Terra para mostrar o espírito do amor de Deus à humanidade. Quando vocês amam estão em unidade com Deus. Budistas, hindus, muçulmanos, tribos nativas que rezam para o Grande Espírito... todas as religiões, e até mesmo aqueles a quem vocês chamam de pagãos, se estiverem honrando o Espírito da Verdade e não a bens materiais, e se estiverem com seus corações em sintonia com Deus, irão encontrar a luz. Eu sinto dizer-lhes que o número daqueles que vão encontrar a luz é pequeno. Jesus, meu filho, disse: "Largo é o caminho e estreita é a porta e poucos conseguirão entrar."

Vocês não conhecem o coração alheio. Alguns podem demonstrar generosidade e ser egoístas. Outros podem pensar que têm todas as respostas e julgar erroneamente aqueles que lhes desagradam. Não julguem para não correrem o risco de não encontrarem a luz, pois somente Deus pode ver o coração.

O plano das trevas é traiçoeiro. Aqueles que não têm a mente pura podem ser encontrados lá. Pessoas boas que vivem em confusão e culpa podem ficar presos a ele. Por isso, vocês devem rezar para os que já morreram, mesmo quando estão rezando pelos que ainda estão aqui precisando de ajuda.

A DÁDIVA DE VER A TERRA

Vocês já sabem que Deus a tudo vê. Quando espíritos, vocês recebem a graça de poder ver todo o plano terreno. Todos aqueles que estão no mundo espiritual, mesmo nos planos inferiores, têm a graça de ver os que estão na Terra, desde que tenham a mente pura. Seus parentes e amigos os amam e vêm à Terra para ver como vocês estão. Mesmo aqueles que já estão distantes da Terra, preocupam-se com seus parentes. A família tem um papel importante no mundo espiritual.

Seu Pai, sua Mãe Celestial, Jesus e os anjos não somente podem vê-los, como podem estar com muitos de uma só vez. Por isso, vocês devem rezar para o Pai. Somente Ele sabe de tudo. Ele irá enviar a ajuda certa. Honrem a Mãe, a Jesus e os que vivem em unidade com esses espíritos elevados. Nós ajudaremos rezando juntos.

ORAÇÕES PARA AQUELES QUE JÁ MORRERAM — ALMA A ALMA

Rezem a Deus por seus amigos e parentes que já morreram. Deus enviará os anjos para ajudá-los a encontrar o caminho para a luz. Suas orações também ajudam aqueles que já avançaram em direção à luz.

O paraíso é um lugar de luz e amor. Os espíritos na luz são todos felizes, livres da dor, têm corpos espirituais saudáveis e estão em sintonia com a vontade de Deus. Ainda assim, eles se arrependem pelas oportunidades perdidas. Rezem para livrá-los desse arrependimento.

Evoluindo no mundo espiritual, os espíritos podem tornar-se santos e anjos. Os espíritos elevados ou anjos, que fazem parte da hoste divina, ajudam os outros no mundo espiritual e também ajudam a guiar os que estão na Terra. Quanto mais evoluídos estiverem seus parentes, maior será sua capacidade de ajudá-los. Primeiro rezem para eles; e então eles rezarão para vocês. As famílias têm conexões eternas. É assim que Deus determinou.

AVANÇANDO NA LUZ

Os espíritos que acabaram de "morrer" têm a inteligência, a sabedoria e a compreensão que adquiriram durante sua última estada na Terra. Embora todo o conhecimento seja acessível a eles, sem a luta, que só existe no plano terreno, aqueles que se encontram na luz mas não são motivados aprendem mais lentamente. O conhecimento é instantâneo na luz, mas antes o espírito precisa perguntar para tentar aprender.

Na luz, os espíritos podem optar por relaxar. As orações de vocês os animam a trabalhar com afinco e interpelam os anjos para que os orientem com amor e compreensão e os encorajem a avançar.

Orações são como uma proteção do infinito amor de Deus para aqueles que as recebem. Elas vêm da alma, sua conexão com Deus, e tocam a alma do próximo com as dádivas da infinita generosidade do Pai. Suas orações são um grande presente.

O CRESCIMENTO É MAIS ACELERADO NA TERRA

A vida na Terra é extremamente valiosa. Uma vida longa, mesmo com os desafios físicos inerentes, é uma bênção. Na Terra, vocês avançam em função das experiências difíceis. Quando falham em usar seus talentos e oportunidades, vocês sentem arrependimento quando chegam à luz. Sua missão é fazer aquilo que se comprometeram a fazer.

O tempo na Terra dispõe de grandes oportunidades de crescimento. A Terra é um desafio que os ajuda a desenvolver as dádivas do espírito: fé, esperança, coragem, amor, compaixão e confiança em Deus. Tudo no Universo é bom e certo.

12

A oração da Mãe

EXISTEM MUITAS ORAÇÕES e inúmeras maneiras de pedir a graça de Deus. A mais indicada para aqueles que desejam receber orientação é a oração da graça chamada terço ou rosário.

Eu gostaria que meus filhos soubessem que eu sou a Mãe Celestial. Eu farei aparições pelo mundo a fim de despertar as pessoas para essa verdade. Minha missão como Mãe é ensiná-los, e rezar com vocês.

O rosário foi dado por mim a Santo Domingos. Essa oração lhes garante poder e graça. Vocês vivem em um reservatório de energia. Quando cultivam pensamentos de medo, tristeza, raiva ou infelicidade, a energia que os cerca torna-se desequilibrada.

Isso faz com que vocês vivam seus dias como se estivessem carregando uma carga muito pesada. Quando as oportunidades e bênçãos surgem, vocês não conseguem enxergá-las. Só sentem confusão e tumulto ao redor.

Rezar o terço, concentrados em meu espírito e no espírito de amor de meu filho Jesus, faz com que vocês se livrem dessa energia ruim. Estando livres, seus espíritos flutuam. Vocês conseguem então ser bem-sucedidos em suas experiências terrenas e purificar a energia para os outros.

O amor puro e generoso revela o ser amado. O amor precisa ser puro e desinteressado. O amor que vocês buscam deve promover o seu trabalho espiritual ou o seu caminho. Todas as coisas podem servir para o bem de vocês. O espírito conhece o coração e, quando desejamos algo para um fim que não é o certo, não conseguimos obtê-lo ou ele nos é subtraído.

O SOFRIMENTO PROFUNDO É O CAMINHO PARA AS ALTURAS

A Grande Força transforma o mal em bem para aqueles que possuem o coração puro e amoroso. As lutas e dificuldades devem servir como lições. Somente os espíritos mais jovens vivem vidas simples, fáceis e previsíveis. O sofrimento intenso libera o caminho para que os espíritos elevados os ajudem a aprender com a experiência. Empatia pelos que sofrem ou pecam (fazem escolhas desequilibradas) é o produto final mais importante do sofrimento.

Compaixão e empatia são qualidades inerentes ao amor. O amor mais profundo é o amor de Deus, que ama sem se importar com a gravidade do erro. Ele ama seus filhos com grande compaixão por suas lutas na Terra. A luz infinita do Pai nada mais é do que amor obstinado. Vocês estão envolvidos no espírito de Deus. Ele os mantém em Seu coração da mesma forma que vocês devem mantê-Lo no seu.

Quando já tiverem sofrido o suficiente para ganhar a empatia e a piedade necessárias para desenvolver seu trabalho espiritual, o espírito de Deus intervirá e colocará fim ao tumulto. O Pai disse: "Eu o chamarei pelo nome e o protegerei."

POR QUE O ROSÁRIO É NECESSÁRIO

O rosário é uma grande dádiva de graça para a humanidade. Vocês não podem ver a energia que os cerca. Uma luz constante é irradiada pelo Pai, que está no céu. Alguns poucos santos elevados que estão na Terra conseguem vê-la. Quando vocês são tomados por pensamentos que não vêm da luz, a escuridão os envolve interrompendo a conexão com a luz. A escuridão desencadeia erros e fraquezas, e o terço é uma forma de clarear essa energia.

Não foi por acaso que Madre Teresa trabalhou nas piores condições sem nunca ficar doente. Suas preces eram constantes. Deixem que suas preces também sejam. Falem com Deus enquanto caminham e enquanto trabalham, quando acordam e antes de dormir. Deixem que uma prece pelo próximo e por ajuda espiritual esteja sempre em seus lábios e em seus corações. Quando suas mentes estiverem obscurecidas, clareiem sua energia com o rosário. Essa oração é um presente que funciona como um cântico ou um mantra.

Alguns pensam que o rosário está errado por causa das repetições. A passagem "não repita pedido vão" refere-se a pedidos que dizem respeito a assuntos da carne. A palavra "vão" está relacionada a questões de vaidade e egoísmo. Repetições vãs visam à conquista do poder e do engrandecimento pessoal. Afirmações egoístas são palavras sem valor.

HONRANDO A UNIDADE DE DEUS

A oração que honra a mim, a Mãe de Jesus, a Mãe que é parte da hoste celestial, é uma oração de amor e louvor aos céus. O terço inclui a oração de Jesus, o "Pai Nosso" ou "a oração que o Senhor nos ensinou", como preferirem.

O Pai Celestial nos ensinou o rosário para ser usado com o objetivo de manter nossos espíritos elevados. Quando a igreja se afastou da graça, erros foram cometidos no processo de livrar os homens de seus pecados. Rezar o terço e honrar a Mãe foram hábitos que aos poucos estão sendo negligenciados.

A hoste celestial tem o poder de curar e de intervir nos acontecimentos da Terra. Essa oração, que convida à união com a Mãe, fala sobre algo que já é sabido — que os anjos sempre rezam com vocês. Quando rezam o terço, a Mãe Celestial, assim como os anjos, rezam com vocês para os ajudar e purificar. Também rezamos com vocês para purificar o mundo e trazer para este uma energia superior.

O rosário é muito poderoso. Imaginem, enquanto rezam, que uma pequena luz nasce dentro de vocês e vai afastando a energia inferior que se prende a seu espírito. A cada "Ave Maria" rezada vocês ficam mais purificados. A luz os envolve, como em uma espiral, até que vocês se livrem da situação que os mantém em sofrimento. Quando a energia se eleva, vocês começam a sentir-se inspirados para rezar pelos outros. O rosário espalha-se então como uma dádiva pelo mundo.

Lembrem-se de que eu estou ao seu lado mesmo quando Jesus e o Pai também estão.

13

Curando o medo

Quem lhes fala é Maria. A humanidade, criação maior de Deus, sabe bem dentro da alma que cada um é imortal. A alma e o espírito já existiam antes do plano físico e continuarão a existir depois da morte. Sua alma sabe que não há nada a temer. Interiorizem-se, quando os pensamentos de medo assaltarem suas mentes, e então serão guiados para o caminho certo.

Tudo é completo na luz de Deus. Quando o medo se apossar de seus sentimentos, invoquem a luz sem hesitação. Ela irá balancear ou equilibrar o que estiver na mente de vocês. Pedir por luz quando se tem um problema é pedir para que a sabedoria de Deus os ajude a resolvê-lo. Vocês podem enviar essa luz para um amigo que esteja angustiado, invocá-la para si mesmos ou dirigi-la para qualquer problema na Terra. A mente humana não consegue conceber que a luz de Deus pode ser invocada, pois mal acredita nas coisas que pode tocar ou enxergar. O espírito, que é parte de Deus, é a verdadeira essência de vocês.

AS LIÇÕES DO MUNDO PROFANO

Vocês temem as perdas? Pensem no corpo físico, na família, nos amigos e nos pequenos bens que estão em seu poder. Tudo o que valorizam pode voltar a ser de vocês aqui ou em outro reino.

Um fator bastante necessário em toda a sua jornada terrena, e ele não é desse plano. É a busca pela vontade de Deus que os une a inteligência infinita. Lembrem-se do verdadeiro propósito de sua jornada.

Temer uma perda é pensar que só existe vida na Terra. O tempo de vocês aqui é realmente curto. Cada vida terrena é nada além do que um momento no espaço infinito. Aceitem a vontade divina sabendo que, com a aceitação, a vida encontra o seu ritmo e a sua harmonia.

Tudo o que vocês têm na Terra lhes foi dado por Deus. A propriedade, portanto, é uma ilusão, pois o próprio mundo físico não é permanente. Já foi dito: "A Terra é do Senhor" e "O rebanho sobre as muitas montanhas é Meu". Vocês são abençoados e tudo o que têm agora receberam como uma dádiva. Sejam gratos por aquilo que estimam e que ainda está em sua posse. Por que temer a perda de algo que nem é permanente? Confiar em Deus e saber que suas vidas e tudo o que acontece a vocês está nas mãos Dele alivia o medo que paralisa seus pensamentos.

A VERDADEIRA VIDA ESPIRITUAL

O medo é a praga da existência terrena. Jesus e os antigos profetas já diziam e repetiam: "Não temas." O medo tem tudo a ver com o apego. Vocês temem perder suas vidas, as pessoas que amam, sua dignidade, suas terras ou bens. Todo medo está relacionado à idéia de controlar ou de possuir coisas. Admitir que nada que pode ser tocado lhes pertence, e que tudo na Terra é temporário, colocará fim ao medo.

A pessoa ou o bem que vocês perderam lhes foram emprestados. Sejam gratos pelo tempo que puderam usufruir do que não mais possuem. Encarem com gratidão cada conforto e prazer que lhes foi concedido nesse curto período de tempo. A pessoa ou o bem foram uma dádiva. Agradeçam por haverem desfrutado da companhia dessa pessoa em suas vidas, e por terem possuído os bens que tornaram suas vidas mais confortáveis.

Procurem a face de Deus quando estiverem com medo. Vocês sentirão uma paz diferente no momento em que aceitarem a condição que lhes foi designada. O passado não está mais em suas mãos, mas o futuro estará. A fé e o amor os atrai para a bondade, a paz, a compreensão, a sabedoria, a força e a esperança de Deus, mesmo quando o medo os separa do espírito de Deus. Prefiram amar e aceitar quando os pensamentos temerosos os assaltarem. Foram vocês que criaram seus corpos físicos? Vocês sabem quando irão morrer? Vocês poderão levar seus bens quando partirem?

Resignando-se à vontade de Deus e abandonando a própria vontade, vocês se livram do excesso de ansiedade. Mudar faz parte da experiência terrena. Por que vocês vieram a Terra se não para experimentar mudanças e reagir a elas?

O medo é um estado no qual vocês esquecem sua natureza de filhos de Deus. Ele aflora quando vocês pensam que estão sozinhos.

"Eu estou presente e vejo. O Senhor está comigo e eu não devo ter medo." Foram palavras de Isaías. Deixem que elas entrem em seus corações e os ajudem a superar o medo.

14

O caminho a escolher

Eu sou Maria, meus filhos. O plano terreno foi projetado como um lugar propício para que vocês trabalhassem suas falhas. A humanidade luta no mundo físico contra as dificuldades e as fraquezas interiores. Hoje falaremos sobre a razão de tantas provações e sofrimentos a fim de ajudá-los a enxergar melhor seus caminhos.

Sofrimentos são uma dádiva na Terra. Por meio deles vocês são chamados a despertar para os seus atos. Imaginem se vivessem todos os dias em perfeito esplendor. Onde vocês encontrariam motivação em suas almas para crescer espiritualmente?

Vocês não estarão preparados para trabalhos mais elevados na luz, se não se tornarem seres mais iluminados na Terra. Seus desafios fazem parte do plano divino. As pessoas se perdem em seus caminhos por falta de desafios. Vocês se ofenderiam com um presente que pudesse salvar suas almas? Lutar contra as adversidades torna os homens mais fortes.

CONFORMEM-SE COM AS DIFICULDADES DA VIDA

O crescimento não apenas requer a superação dos desafios por seu corpo físico, como também instiga a evolução do espírito. O progresso emocional em função do sofrimento, da solidão, do abandono, da rejeição, da ofensa e da perda lhes confere ensinamentos nobres. Sem sofrimento, vocês não serão capazes de sentir compaixão pelos outros. O caminho para tornar-se um espírito elevado não é uma estrada fácil e pavimentada.

A estrada para a luz requer da alma coragem e força. Os obstáculos que encontram não são infligidos a vocês sem o seu consentimento. Acreditem que vocês deveriam ficar contentes e estimulados por terem que enfrentar os testes da vida.

Alguns desafios lhes foram oferecidos, enquanto outros, vocês mesmos escolheram. Em todos os casos, vocês concordaram com as condições. Vocês sabiam o que os tornaria melhores. Vocês conheciam suas capacidades. Sabiam da natureza das experiências que teriam que superar para desenvolver seu espírito até o potencial mais elevado.

Alguns de vocês são casos complicados, pois resistem às lições que vieram aprender.

AMEM SEUS OPONENTES

Sua alma escolheu os obstáculos a fim de que eles os instigassem ao aprendizado. Agora vocês precisam amar as pessoas que os fizeram sofrer. Esse é apenas o primeiro desafio que foi estabelecido por vocês. A paz interior é decorrente da compaixão pela humanidade. É preciso ter humildade.

Os seres elevados lidam com grandes sofrimentos físicos além de sofrimentos emocionais e fraquezas espirituais. Caso suas mentes não consigam enxergar as lições contidas nas experiências, busquem a compreensão.

Alguns de vocês estão menos dispostos a viver sacrifícios para mudar de condição. Vocês é que escolhem. A recusa teimosa em aprender os está mantendo presos às antigas situações que vocês vieram resolver.

Vocês recebem graças pelo seu caminho, em todas as fases de seu crescimento. Percebam que o trabalho se torna mais tranqüilo à medida que vocês diminuem a resistência à autodisciplina. O espírito lhes concede satisfação, sabedoria, compreensão e, eventualmente, bênçãos!

Na unidade com Deus vocês liberam o sofrimento que é causado por sentimentos de ganância, apego, luta, desejo de vingança, anseios e toda forma de egoísmo. Esses sentimentos os fazem prisioneiros de suas próprias mentes.

A MISSÃO É SERVIR E SE CURAR

Você veio à Terra para servir. Muitos de vocês trabalham como pais ou professores, fornecendo amor e orientação à geração seguinte. Uns contribuem para a caridade, com dinheiro ou tempo. Outros são espíritos alegres que irradiam energia. Outros, ainda, oferecem ao mundo palavras de encorajamento e orientação. Muitos contribuem com orações para curar um mundo em sofrimento.

Seu Pai e a hoste divina sentem-se exultantes quando vocês servem como dádivas para os outros. Vocês estão aqui para livrarem-se de suas falhas de caráter. O plano terreno os desperta para suas personalidades desequilibradas e deficientes. Os traços de crítica, impaciência, ausência de auto-estima e motivação, medo e falta de objetividade, nada são além de exemplos dos defeitos que vocês precisam dissipar.

Vocês aprendem com os outros. Vocês podem curar suas enfermidades espirituais. Os métodos para encontrar o equilíbrio interior são a meditação, a abnegação em servir os outros e a devoção a Deus.

HUMILDADE E AUTO-ESTIMA

Amar a si mesmo, sem valorizar demais a própria importância, é uma atitude rara no mundo atual. Muitas pessoas agem de forma egoísta, interesseira e insensível com os outros porque não reconhecem o próprio valor.

Olhem para dentro e descubram quem vocês são. Respeitando o espírito de Deus que há dentro de vocês, será mais fácil amar e respeitar os outros. Todos são parte de uma unidade.

A JORNADA ETERNA

Vocês estão em uma jornada através da eternidade para se tornarem espíritos melhores, santos ou almas poderosas. Vocês precisam estar atentos às suas vidas espirituais para conseguirem alcançar esse objetivo. Os desafios que aceitaram são um contrato prévio. Ao falharem na execução do serviço que vieram realizar na Terra, vocês pronunciam uma sentença severa contra vocês mesmos. Vocês se escondem da luz de Deus em grande arrependimento e dizem: "Eu não fui capaz de fazer o que vim fazer."

Provações e sofrimentos fazem com que vocês se abram para oportunidades de aprendizado. Vocês estão buscando se tornar mestres perfeitos nessa vida, como Jesus foi. Todos são capazes de se tornar humildes aprendizes, que é o primeiro passo para alcançar a condição de mestre.

Considerem qualquer humilhação, sofrimento, obstáculo e desafio uma oportunidade de crescimento. Respondam à situação que se apresenta, pois ela foi criada por vocês, exclusivamente para vocês.

VOCÊS TÊM AJUDA

Os anjos servem a Deus como seus mestres espirituais. Vocês só precisam abrir seus corações e suas mentes para obterem o conhecimento. Isso não é complicado. Deus e sua hoste lhes incute os ensinamentos na mente. Vocês recebem pensamentos espirituais.

Vocês terão oportunidade para obter conhecimento. Quando se encontram abertos e sem medo, vocês ouvem a palavra de Deus. Que a paz esteja com vocês.

15

A luz interior

EU SOU MARIA. A força dentro de vocês é inesgotável e pode ser invocada sempre que quiserem. Quando ela começa a se exaurir, uma oração pedindo a Deus por mais força, ou uma meditação na luz de Deus, pode restaurá-la.

A força é amor. O amor é o poder do espírito que flui através da vida. Quando a força vital está fraca é necessário mais amor. O poder do amor que vem do espírito recarrega o corpo espiritual. Quanto maior a força do amor, mais poderosos vocês se sentem.

O espírito do amor é a força vital de todos os seres viventes, e esta faz vibrar o átomo. O amor é a liga que une as moléculas, os átomos, e é também a substância essencial deles. Sem amor, tudo que existente, animado e inanimado, visível e não visível, se desintegraria.

Imaginem que estejam se sentindo emocionalmente isolados. Num momento em que foram magoados pelas pessoas que costumam apoiá-los. Vocês são invadidos por tristeza, depressão ou medo. Vocês se sentem como alguém que está se afogando e não encontra um salva-vidas, ou como um cordeirinho perdido, frente ao bando de lobos que se juntou para devorá-lo.

É um momento que irá testar-lhes a coragem. Nesse estado de solidão, vocês estão necessitados de amparo espiritual. Vocês precisam de capacidade para amar e exercitar a compaixão por vocês mesmos e por quem quer que os tenha magoado.

É um importante teste a ser enfrentado — amar aqueles a quem vocês consideram inimigos. A tentação de sentir autopiedade ou de atacar as forças opressoras é grande. O que falta é um bálsamo emocional. Vocês conseguem se lembrar nesse momento que a força do amor é abundante no Universo? São capazes de descobri-la em seu interior, a fim de cuidarem e confortarem a si mesmos? Vocês seriam capazes de estender a mesma compaixão e perdão ao próximo?

A habilidade para amar é fundamental nas provações da vida. O amor não funciona fora de vocês. Ele tem que vir de dentro.

Amem a criança magoada que existe em seu interior e que precisa de seus pais espirituais. Deus pode transformar o seu sofrimento em bondade. Jesus morreu humilhado e degradado, enquanto rezava por seus opressores. Ele foi glorificado frente a Deus e aos homens. Hoje, Seu nome é conhecido pelo mundo afora pela maneira como Ele amou e perdoou. Jesus também enfrentou os demônios da rejeição e da dor. Jesus é um exemplo.

Neste momento histórico, padres, monges e freiras estão sendo cruelmente torturados e assassinados. Será que o sofrimento de vocês é maior do que o deles?

Será que vocês não são capazes de vasculhar seus corações e encontrar um grão de compaixão para oferecer a seus opressores? Amar os ignorantes, os cruéis e os egoístas não significa amar a ignorância, a crueldade e o egoísmo. Vocês são incitados a amar o que é divino em todos os homens.

Deus perdoou suas falhas. Que a lembrança do amor incondicional de Deus os ajude a encontrar esse sentimento em seus corações, a fim de que possam expressar amor e compaixão por aqueles que os feriram.

O amor é benevolente. Ao concederem o seu amor, vocês serão abençoados com força interior e poder espiritual. Tal agrado é o reconhecimento de que vocês fizeram o que era certo. É grande o poder do amor! Agora vocês sabem quem vocês são.

Eu sou a Mãe espiritual da vida. Procurem proteção em mim. O coração que age de modo correto está repleto de luz. Que a paz esteja com vocês.

PARTE IV

A luz que vem da oração

16

O poder do pensamento

Eu sou Maria, meus filhos. A mensagem de hoje é sobre o poder que emana de seus pensamentos. A consciência é a fonte do poder criativo sobre a Terra e ela permanece após a vida.

No mundo espiritual, vocês não têm a mesma influência sobre a energia que têm no plano físico. É por isso que suas orações na Terra são necessárias. As orações dos anjos provocam mudanças na Terra quando se unem às suas. Os anjos rezam sozinhos para Deus pelo bem-estar espiritual dos homens, mas as condições terrenas demandam orações advindas da Terra. Tudo isso significa que suas orações são necessárias para que ocorram mudanças na Terra.

A FORÇA DA INTENÇÃO

O pensamento também possui uma força de intenção ou motivação. Orações egocêntricas não têm a intenção adequada. A intenção deve ser generosa para irradiar a luz de Deus e provocar mudanças. A natureza da intenção determina o poder da oração.

A gratidão é um pensamento que está ligado aos sentimentos de amor e de admiração. Gratidão é um reconhecimento da bondade de Deus, expresso talvez pela bondade divina que há dentro de cada um. Ao rezarem concentrados na gratidão, vocês se colocam em um estado de alerta — abertos, desbloqueados para receber a graça que Deus quer lhes conceder.

OS OBSTÁCULOS PARA A CURA DO MUNDO

A oração também é um pensamento, ou intenção, que os conecta à sabedoria infinita de Deus. Vocês já ouviram falar sobre a importância da fé ao rezar. Compreender que a fé é a forma de fazer com que as orações sejam atendidas os ajudará a expressar mais fé e a remover os obstáculos que impedem que suas preces alcancem os resultados.

Deus ouve e vê tudo o que vocês fazem. Ele está atento a suas orações. Quando vocês recorrem a Ele, Sua luz divina viaja unida aos seus pensamentos, à sua fé e a suas crenças.

Quando a luz de Deus lhes é concedida, vocês devem estar abertos para recebê-la. Obstáculos para os espíritos são como barreiras físicas. Eles bloqueiam a luz. Dúvida, descrença, sentimento de desmerecimento, culpa, egoísmo ou pensamentos malevolentes criam barreiras espirituais ao recebimento da luz.

QUANDO REZAM PARA OS OUTROS SEU AMOR É MAIS FORTE

Quando em sua oração de fé vocês pedem por outra pessoa, estão promovendo a remoção dos bloqueios espirituais que ela possui. Esse tipo de prece é mais poderoso. A resposta pode ser recebida facilmente.

Como podem imaginar, há muitos bloqueios às orações. Uma oração pelas próprias necessidades ou por uma mudança em sua situação de vida está sujeita ao seu senso de auto-estima.

Bloqueios a orações baseiam-se em leis naturais. As leis divinas são fruto da perfeição de Deus. As condições do coração são de grande importância para o espírito. Imaginem-se capazes de receber a graça de Deus por meio de orações, sem que se dediquem ao lado espiritual. Seus corações não se tornariam mais contaminados pelo egoísmo? Vocês devem fazer o que é certo.

EXERCÍCIOS PARA A COMPREENSÃO

Imaginem a luz de Deus viajando no fluxo corrente de sua fé, pensamento ou crença. Vocês conseguem enxergar o que vêm fazendo para bloquear a bondade divina? A introspecção lhes dá a oportunidade de descobrir seus erros e de curar seus corações.

Imaginem agora que vocês têm rezado pela solução dos problemas de duas nações em conflito. Como esperam que esse pedido se realize? Vocês acham que Deus não conseguiria resolver tal problema? Esse simples pensamento já constitui um bloqueio. Vocês desejam intimamente que Deus puna uma das nações em conflito? Esse pensamento judicante interrompe o fluxo da luz divina.

Não digo isso para desencorajar suas orações, mas sim para que vocês saibam que os pensamentos que não são de amor influenciam negativamente a intenção de fazer o bem.

ORAÇÕES PARA CURAR A HUMANIDADE

Deus conhece o coração dos homens. O que vocês vêem é diferente do que Deus pode ver. Rezar oferecendo amor e compaixão sem julgamentos fortalece a oração. Confiem em Deus, pois Ele pode curar a humanidade.

As graças para a humanidade decorrem de orações sinceras. Se vocês perceberem que alguém está com o coração corrompido, rezem para que este se cure. Preces para curar a raiva e a amargura são orações de amor que não encontram barreiras.

Orações para a cura espiritual também são poderosas. Rezem-nas para vocês também. Deus quer ajudá-los de modo que livrem a si mesmos e a humanidade do egoísmo, do apego ao mundo material e da indiferença ao sofrimento. Deus quer que vocês se abram à compaixão.

Bloqueios espirituais causados pelo pensamento das pessoas são a razão de secas e enchentes, de frio e calor excessivos, de doenças do corpo e da alma. O perdão é necessário para curar as pragas do mundo.

O mundo teima em culpar a Deus quando as desgraças acontecem. No entanto, é o homem, e somente ele, com sua ignorância e ódio, que causa o sofrimento.

EXERCÍCIOS PARA A COMPAIXÃO

As pessoas precisam se voltar para Deus. Contem comigo, sua Mãe. Deixem que o meu espírito viva em seus corações. Eu os ajudarei a afastar a incompreensão que os prende à desordem. A mudança vai acontecer. Vocês verão milagres ocorrendo diante de seus olhos.

Este é o exercício de hoje: enviem o seu amor para onde quer que suas mentes estejam e chamem pela luz de Deus. Notem o que acontece em seus corações enquanto vocês fazem isso. Que a minha paz esteja com vocês.

17

Retornando a Deus

EU SOU MARIA. Como vocês são amados, meus filhos! Todas as coisas boas e todas as coisas perfeitas vêm de Deus, o Pai Iluminado. A luz do Pai significa criação, sabedoria, orientação e amor que recupera. As palavras não conseguem transmitir aos homens o quanto eles são amados. Vocês são parte da natureza inclusiva do Pai.

O profeta Isaías disse: "Vocês estão esculpidos na palma das mãos de Deus. Seus caminhos são direcionados por Ele." A mente humana não consegue imaginar a extensão da bondade e da graça do Pai. Imaginem o maior amor que vocês já sentiram. Ele nada mais é do que uma migalha do amor do Pai que os envolve por toda a eternidade.

SUA VIDA TEM UM PROPÓSITO

Vocês têm um trabalho extremamente importante a fazer e possuem plena capacidade para se tornar mais parecidos com Deus: mais inteligentes, bondosos, piedosos, humildes e amorosos.

Esta mensagem é sobre a utilização da luz de Deus para se unir a Ele. Deus ama vocês da maneira como são, mesmo quando cometem muitos erros. Ele enxerga a sua luta e os incita a buscar a sabedoria e as verdades que farão suas vidas mais felizes.

A DESOLAÇÃO QUE ESTÁ POR VIR

Muitos de meus filhos não têm interesse algum em suas vidas espirituais. Seguem caminhos próprios. Ninguém pode afastar vocês da vida autodestrutiva que estão levando. Alguns foram abençoados por anos de amor do Pai. Vocês agora estão perdidos e não percebem aonde isso pode levá-los. Vocês se recordam da situação das nações que viveram sob o regime comunista, sem liberdade para buscar a orientação espiritual que está disponível a todos?

Logo o mundo estará em desordem. Vocês estarão sujeitos ao medo e a desolação. Isso será necessário para despertar a humanidade. Nessa hora, todos se curvarão a Deus. Seus temores serão infinitos.

Deus os ama tanto que Suas delicadas mensagens estão se tornando cada vez mais fortes e sonoras. Ele disse a Isaías: "Quando eu chamei, você não respondeu e fez coisas que me desgostaram." O estremecer da Terra e o temor do mundo conseguirão agora atrair a atenção de todos.

As mensagens serão mais intensas. Será que eu preciso apontar as desordens no planeta? Desequilíbrio na temperatura ambiental, terremotos, vulcões, enchentes, secas e transformações caóticas: nada disso é por acaso, e não deve terminar tão cedo.

VOCÊS SÃO CHAMADOS PARA O DESPERTAR

O sofrimento do planeta com os reveses do clima, e o sofrimento do mundo com as nações em guerra, são sinais para que a humanidade desperte para o amor e para a compaixão. As condições em que vivemos são um alerta. Vocês recebem sinais exteriores e sinais interiores. Aprendam a amar o próximo.

Os sinais interiores são o desespero, a depressão e o medo, que se apossam rapidamente de vocês. Eles são a voz do espírito lhes dizendo para ficarem atentos a suas vidas. A ansiedade que sentem é um sinal de que resistem em fazer o que precisa ser feito. Vocês precisam se interiorizar. Vocês precisam de tempo para pensar na luz e na bondade de Deus, de forma a fortalecer o espírito.

A CURA PELA LUZ

A mensagem de que Deus é constituído de luz deve lembrá-los do poder do espírito. A luz é um impulso de bondade, misericórdia, sabedoria, verdade, alegria, paz, compaixão e compreensão. Buscar a luz é buscar a graça de Deus. Tudo de que precisam para equilibrar o que está desequilibrado, vocês encontram em Deus.

Quando entram em estado de contemplação, que eu chamo de meditação, vocês se abrem para a luz de Deus. Essa luz os liberta do medo, da confusão, da dor, da depressão, do desespero, da ignorância, do egoísmo, dos vícios, das obsessões, da ânsia, da raiva, da amargura, dos litígios, das críticas, da ganância, dos apegos, da impaciência. Esses desequilíbrios são a desgraça do coração.

OS BENEFÍCIOS DA MEDITAÇÃO

Meus filhos, quando vocês reservam uma hora no dia para meditar sobre o fogo em seus corações, ou para pensar na luz que é Deus, vocês acalmam seus pensamentos. Suas mentes não mais giram sem rumo, atentas a suas infinitas tristezas. A compreensão humana sobre Deus é limitada. Não pensem que vocês têm todas as respostas. Sejam humildes diante Dele e de seus irmãos.

Não é o mero ato de sentar-se em silêncio que cura, e sim o fato de abrir o coração para Deus. Essa é uma prioridade agora. Ficar correndo de um lado para o outro será sua ruína. Comprar e vender não é a vida. Como vocês poderão viver sabendo que todo o dinheiro que juntaram e que todos os bens que amealharam com orgulho podem sumir num piscar de olhos?

Vocês são tão amados e queridos, meus filhos. Como Deus poderá despertá-los? Eu, sua Mãe, suplico que vocês avaliem suas vidas agora. Vocês não terão medo quando o planeta inteiro começar a se agitar. Para onde vocês poderão ir sem que encontrem a Deus? O mesmo Deus estará presente quando houver a reviravolta na Terra. Sejam como crianças humildes frente ao Pai.

DEVOÇÃO A DEUS

Se vocês não conseguem conceber a figura de Deus, pensem em luz. Concentrem-se em amar algo para expandir a habilidade de amar em seus corações. Eu desejo que meus filhos vivam em perpétua devoção ao Pai. Falem com Deus o dia todo. O espírito de Deus está em vocês. Ele os ouve e lhes fala diretamente.

Em vez de ficarem remoendo seus rancores e agonizando sobre todas as decisões, falem com Deus, que está em sua mente. Ele os guiará para decisões sábias. Libertem-se do passado. Irradiem luz e amor para todas as pessoas que estiverem em seus pensamentos e todas as feridas ficarão curadas. Isso os deixará livres para o que Deus quer lhes ensinar.

Deus é a sabedoria no Universo. Ele os ensinará a fazerem seu trabalho com mais eficiência e com mais sabedoria. Suas vidas irão mudar quando vocês tiverem Deus em seus corações. Se vocês nunca pediram ajuda, este é um bom momento para começar. Vocês ficarão surpresos com o que perderam.

Sem as incertezas e as preocupações com as antigas tristezas, vocês terão tempo livre para rezar por sua cura e pela cura do mundo. O mundo está suplicando por suas preces.

APRENDAM MAIS SOBRE DEUS

Durante toda a vida, vocês são como um bebê recém-nascido, com uma compreensão espiritual limitada. A humanidade tornou-se arrogante e presunçosa. Deus quer que seus filhos aprendam a ser humildes. Vocês, que mal começaram a conhecer a própria religião, atrevem-se a julgar outras religiões sobre as quais vocês não sabem absolutamente nada. O mundo, em sua ignorância e compreensão limitadas, inflou-se de orgulho. As pessoas julgam e condenam o que não conseguem entender.

Observando a vida dos espíritos, vocês irão aprender um pouco mais sobre Deus. Vocês aprenderão que Deus é inocência e humildade. Ele é amor incondicional, o mesmo amor que vocês precisam sentir pelo próximo. Deus é compaixão. Deus perdoa. Como vocês encontram tempo para julgar os outros se só fazem correr de um lado para o outro? Aprendam a se conhecer e conhecerão a Deus.

Eu gostaria que meus filhos tirassem uma hora por dia para ficar a sós com Deus. Vocês irão se beneficiar muito disso. Ficarão mais fortes, mais alegres e menos ansiosos. Sua auto-estima irá crescer com a certeza de que se libertaram do passado e estão fazendo o que é certo: viver em devoção a Deus. Vocês irão reconhecer que realmente são os ilustres filhos de Deus.

E ainda há mais. Deus quer que todos venham para casa quando essa vida estiver terminada. Ele os enviou à Terra para adquirir força e sabedoria. Como vocês têm se saído? Vocês vêm colecionando bens ou purificando suas almas? Que a minha paz esteja com vocês.

18

Alimento para o espírito

EU SOU MARIA, MEUS FILHOS, vocês já ouviram dizer que tudo na vida é uma escolha. Vocês não serão condenados por suas escolhas. Minha mensagem de hoje é para que vocês considerem as muitas oportunidades disponíveis para aprender o caminho certo. O reino de Deus é mesmo maravilhoso. Todas as religiões que honram a Deus, receberam influência de algumas das inúmeras verdades sobre Ele que fortalecem o espírito.

Alguns profetas que receberam revelações tornaram-se líderes de igrejas, ainda que nem todos tenham iniciado novas religiões ou seitas. Nem todos os mensageiros que recebem inspiração dos céus têm personalidade para serem líderes.

Eu recomendo que vocês tirem proveito das formas de crescimento espiritual, das oportunidades de estudar meus livros sobre o reino de Deus e os livros dos profetas que transmitem mensagens de amor e perdão.

VOCÊ É UM ESPÍRITO

O seu ser é um espírito. O trabalho mais importante de vocês é aquele que fazem por seus espíritos. Vocês levarão seus bens materiais ou seus corpos quando partirem dessa vida? Tudo na Terra existe por uma única razão: auxiliar na jornada do espírito.

Pensem que o espírito é uma árvore, da qual vocês ainda são apenas um broto. A meditação, o estudo da bíblia, a permanência por algum tempo em lugares sagrados, a convivência com outros que estão buscando a sabedoria interior, tudo isso é nutriente para a árvore. Ela só estará fortalecida em seu interior quando receber o sopro da vida. A árvore pode balançar enquanto venta, mas quando a ventania pára, a árvore já está fortalecida e destemida.

A FORÇA DA DEVOÇÃO

Um espírito forte se apieda desse mundo atribulado. Vocês não podem deixar de rezar para o fim do medo e do desespero quando estiverem cheios de problemas.

Ninguém consegue ouvir a mensagem enquanto não abre o coração. Alimentar ou negligenciar o espírito é uma escolha individual. Cada um de vocês pode escolher como quer viver a vida que lhes foi dada. Encorajem-se uns aos outros com amor e sabedoria, sem o sentimento de arrogância que faz com que vocês pensem que conhecem todas as respostas.

Jesus lembra que no mundo dos espíritos, o mofo e a ferrugem não corroem, e os ladrões não invadem nem roubam. A paixão pelos bens materiais traz uma satisfação passageira. O apego ao mundo que criaram atrasa o crescimento de vocês e esvazia o espírito. Apego ao mundo material e às pessoas é uma praga para o espírito. Será que vocês não podem amar sem ter que possuir?

A coração precisa da luz e da bondade do nosso Pai piedoso e benevolente. Busquem alimento para o espírito. A vida verdadeira é a vida dos espíritos. Que a paz esteja com vocês.

19

A coragem para insistir

EU SOU MARIA, MEUS FILHOS, não há mágica que possa evitar o sofrimento na Terra. O caminho que vocês escolheram tem muitos obstáculos. Oportunidades e alegrias surgem à medida que vocês aprendem os mistérios do Universo.

Não importa o quanto suas vidas sejam corretas, é preciso ter coragem. Coragem é fazer o que é certo quando é muito mais fácil fazer o contrário. Coragem é fazer o que é certo mesmo quando isso consome mais tempo e energia. Integridade é fazer a escolha certa mesmo quando vocês acham que ninguém está olhando.

De onde tirar coragem quando o desafio é enorme e único? De dentro de vocês. Os anjos vêm para fortalecê-los quando vocês pedem ajuda.

Vocês encontrarão força em seu interior quando o desespero, a necessidade de parar ou o desejo de se autodestruir se abaterem sobre vocês. Como vocês são amados! Os grandes espíritos estão sempre prontos para ajudar. Os anjos se alegram quando vocês persistem nos momentos difíceis. Vocês estão sendo vistos e observados por Deus e por sua hoste.

VOCÊS PREVALECERÃO SE NÃO SE DEIXAREM ABATER

Os anjos se rejubilam quando vocês conseguem prevalecer. Deus está sempre com vocês. Quando se comprometem a fazer o que é certo, vocês obtêm ajuda. Deus envia ajuda. Ele lhes dá forças.

Vocês são guiados para as oportunidades que lhes são convenientes. Todos os dias a mão de Deus os alcança de diversas maneiras. Todos os dias, pequenos e grandes milagres tornam seus caminhos mais fáceis. Deus provê pequenas graças durante a sua caminhada, que é para vocês se lembrarem de que Ele está sempre presente.

O que fazem é tão importante para nós quanto para vocês. Deus conhece seus caminhos e as lições que vocês têm que aprender. Quando vocês são bem-sucedidos em suas lições, o céu se alegra. Existem propósitos nos trabalhos quem fazem, que vocês não conseguem enxergar. Vocês são guiados por um conhecimento interior.

ANSIEDADE E CULPA

A sensação de ansiedade se baseia em culpa ou medo. Rezem para a cura de suas culpas e de seus medos. Deus mostrará o caminho a ser seguido. Aceitem fazer as transformações necessárias em suas vidas.

Uma vida saudável é uma vida equilibrada. O equilíbrio é sempre indispensável. Quando sentem medo é porque esqueceram que podem ser ajudados. Esqueceram sua conexão.

Olhem de fora e imaginem como Deus os vê. Vocês são seus filhos preciosos. Vocês têm tido tempo de sentar-se aos pés de seu Pai e ouvi-lo? Ele lhes pede que arrumem essa bagunça que é a vida de vocês? Vocês estão se escondendo de Deus? Será que vocês se sentem indignos?

Quem quer que afirme que não existe Deus sentirá culpa. A culpa é a sacudidela que os estimula interiormente a repensar e a mudar a própria vida.

FIQUEM ATENTOS AO ESPÍRITO

Os anjos choram no céu por causa do egoísmo e da falta de humanidade dos homens. O amor incondicional de Deus está além da compreensão da mente humana. O sofrimento da humanidade é um reflexo de seus erros. Os apuros pelos quais o planeta está passando são uma manifestação da justiça divina.

Vocês sofrem para aprender. Sofrimentos ensinam lições de compreensão, de amor e de compaixão pelos outros.

Aqueles que praticam o mal serão purificados. Deus vê o coração. Não haverá escapatória. O homem não deve julgar. Este é um momento de suas vidas que tem grandes conseqüências. Vocês se arrependerão do tempo perdido. Aprendam a amar uns aos outros. Que a paz esteja com vocês.

20

O caminho da vida

Eu sou Maria. A Terra não é um local de descanso. Vocês já sabem disso, meus filhos. A Terra é um lugar de crescimento. A mensagem de hoje é: "Rompam." Deixem para trás os medos, as opiniões alheias, suas opiniões sobre as pessoas, e descubram quem vocês realmente são.

Vocês se amam e se cuidam? Vocês respeitam suas almas, que anseiam por se tornarem elevadas no plano terreno? Olhem para dentro.

Cada dia é uma dádiva de seu Criador. O tempo na Terra é precioso. O tempo para descanso está por vir. Cada dia é como um novo capítulo de novela, ou como um ato de uma peça. Deixem que o roteiro seja digno de vocês. Vocês atuam com amor e graça? Essa foi a melhor performance de vocês?

Todas as manhãs, peçam por paz em seus corações. Peçam sabedoria e orientação ao Pai. Procurem, então, em seu interior, o melhor desempenho possível para vocês. Não há o que temer. Os anjos caminham ao seu lado, assim como, um dia, vocês caminharão ao lado daqueles que estão na Terra.

Quando vocês passam o dia em paz, os anjos falam em seus pensamentos. A orientação chega aos corações abertos. Vocês conseguem ouvir as orientações carinhosas dos anjos? Ouçam com o coração. Todas as respostas são dadas quando vocês pedem. Todos os dias são dignos do amor e da atenção de vocês.

Olhem nos olhos das pessoas. Deixem que seu espírito honre o espírito dos outros. Aprendam a amar a tudo, ao que está vivo e ao que não está. Amem o espírito da vida, pois a sua vida física é tão provisória e frágil quanto a vida de uma flor.

Sejam como a flor. Brotem na luz do sol, sob o vento e sob a chuva que cai. Essa vida temporária é uma parte integral de sua jornada pela eternidade. Suas experiências aqui fornecem força para a alma.

O tempo na Terra é uma oportunidade rara. Suas experiências, exclusivamente suas, fornecem o que é necessário para que vocês possam se tornar seres elevados. Esse período na Terra e as oportunidades devem ser agarrados com firmeza. Vocês receberam uma graça especial para que pudessem vir à Terra. Sejam humildes diante do que Deus lhes concede todos os dias.

No mundo, a energia que cria e a energia que destrói fazem parte do todo que existe. Reconheçam que vocês trabalham sério. Vocês podem aprender sobre o amor em todas as suas experiências. Busquem a sabedoria em tudo na vida.

A VIDA COMO EXPERIÊNCIA

Vocês todos estão habilitados ao que há de melhor e de pior em cada um. Tudo são escolhas. É tão melhor perdoar os outros e a si mesmo pelos desgostos do dia anterior. Direi novamente: "Liberem o passado." Perdoem especialmente aqueles que os magoaram de verdade, de modo intencional ou não. As experiências do passado lhes ensinaram lições. Seus inimigos os forçaram a crescer. Vocês evoluíram. Com a oposição vocês ganharam força.

Quem é o corredor mais veloz? Aquele que corre sozinho ou o que participa de uma competição? Quem tem o espírito do leão? Aquele que vive ocioso em um palácio com serviçais ou o que vive de suas habilidades nas ruas?

FORÇA POR MEIO DA MEDITAÇÃO

Sentem-se em silêncio para receberem a orientação de que precisam. Interiorizem-se. No dia seguinte ao que tiverem estado com Deus em silêncio, por dez ou quinze minutos, vocês sentirão uma energia que nunca experimentaram antes. O dia fluirá alegre, fácil, como se estivessem no paraíso. O motivo é que se leva a presença de Deus consigo depois de se estar com Ele. Satisfação e êxtase são o produto do momento de total devoção — mente a mente com Deus.

Meditem, e a qualidade de suas vidas melhorará. Vocês podem imaginar os bilhões de anjos que fazem parte da hoste divina? Só leva um momento para que Deus ou um anjo lhes conceda uma idéia que pode mudar suas vidas. Quando vocês meditam diariamente na luz e no amor de Deus, ficam mais receptivos à conexão com o plano de luz superior. Essa receptividade permite que os seres elevados os ajudem, interagindo com seus pensamentos mais facilmente. Quando vocês pedem ajuda, recebem resposta.

Essa sabedoria e orientação são necessárias todos os dias. Quando vocês meditam sobre suas decisões, tanto as grandes quanto as pequenas, e sobre os problemas simples ou complexos que enfrentam, vocês ouvem as respostas.

As provações por que passaram e que os deixaram amargurados representam uma dádiva. Olhem novamente para o inimigo. Vocês compreendem que julgaram a si mesmos quando julgaram seus inimigos? Não foi à toa que Jesus lhes disse para amar o inimigo. Quem ama não julga. O julgamento não é um sentimento nobre.

Ao chamar alguém de inimigo, vocês acabam por fortalecer essa pessoa com a força de seus pensamentos. Pensem em todos como filhos de Deus, embora alguns estejam corrompidos. Libertem-se dos julgamentos que geram raiva e medo. Aprendam a amar novamente.

Vocês são as pequenas flores de Deus e também são leões. Vocês são uma parte de Deus, assim como Ele é parte de vocês. Vocês são uma edificação majestosa e uma humilde cabana. Vocês são parte de tudo.

Parte V

Encontrando a essência

21

Encontrando conforto

Eu sou Maria. Hoje vou falar, meus filhos, sobre como encontrar conforto. Para obter bons resultados no desempenho das muitas metas que vocês estabeleceram, o espírito precisa ser nutrido. Sua força interior depende do respeito que nutrem por vocês mesmos como filhos valiosos de Deus. Por meio de meditação e de orações, vocês receberão força e consolo em sua jornada. O trabalho que realizam na Terra tem muita importância na sua eternidade.

Todos vocês são capazes de muito mais. Vocês são capazes de fazer o trabalho que está em seu coração. São capazes de ser pessoas dignas de respeito. Vocês são uma partícula do Deus vivo, com alma, mente e espírito eternos. Estão aqui para servir a humanidade.

BUSCANDO A COMUNHÃO

Estamos falando sobre encontrar o conforto que os alivia da solidão e do sentimento de isolamento. O conforto está disponível no plano físico por meio da companhia de outros. Deus lhes fala não somente por intermédio das experiências, mas também das outras pessoas.

O contato com os semelhantes envolve algum sacrifício para vocês. A vida é sacrifício. Por meio do sacrifício, o espírito aprende sobre a interconexão que há em tudo na vida. Essa necessidade de sacrifício no relacionamento interpessoal é a causa de muita solidão e isolamento.

A Terra é um local de grande fartura. Deus colocou tudo que existe aos pés de vocês. Procurem outras pessoas que pensem como vocês para ajudá-los em sua jornada. Quem os irá confortar se estiverem sozinhos? Como aprenderão a servir sem fazer parte de uma comunidade? O consolo que vem de outros é o consolo de Deus para vocês.

Eu vejo um mundo tomado de solidão. Alguns de seus companheiros de jornada buscam o mesmo que vocês. Uns pensam como vocês enquanto outros servem para ajudar no seu equilíbrio. Rezem para obter companhia e Deus irá escutar. Deus não quer que sejamos solitários.

Vocês precisam de companhia para confortá-los em seu trabalho, em seu estudo e em sua distração. Peçam por isso. Este livro é sobre a busca do equilíbrio, sobre se purificar e permanecer limpo. Há pessoas inteligentes dispostas a serem seus mentores e mestres.

Outros que também buscam por esses bens intangíveis precisam de sua ajuda. Ensinar às novas gerações é um desafio para a sua inteligência. Amigos podem dar conselhos e orientações que ajudam a enxergar o caminho. Vocês aprendem sobre o amor incondicional de Deus interagindo com outras pessoas.

A FAMÍLIA É ETERNA

Ao nascer, vocês ganham uma família. Famílias têm sido dissolvidas causando muito medo e sofrimento. A função de vocês também é cuidar da família. Parte de sua missão é aprender a perdoar os outros e a crescer junto.

Membros de uma mesma família que estão separados fisicamente mantêm sua conexão espiritual. Vocês são incitados a amar, a respeitar, a ajudar e a confortar uns aos outros nessa vida. Isso não significa que vocês tenham que ser sustentados financeiramente por seus pais depois de adultos, ou permitir que seus filhos dependam de vocês a vida toda. Vocês têm que encontrar meios de se amar e se apoiar emocionalmente.

Continuem a rezar pelos membros de suas famílias e estejam disponíveis para ouvir uns aos outros. Se um dia vocês forem rejeitados, aceitem sem amargura ou julgamento, mantendo seus corações abertos para as possibilidades de restaurar o relacionamento.

UM CÍRCULO DE AMIGOS

Deus provê um círculo de pessoas bem-intencionadas para serem amigos e conhecidos de vocês. Sejam bons amigos e companheiros para os outros, caso eles os aceitem. Seu Pai os guia em todos os aspectos da vida. Seu bem-estar emocional é muito importante. Pensem em termos de um círculo cósmico de quatro ou cinco amigos chegados.

O ESPÍRITO QUE CONFORTA

Outra forma de conforto é por meio do espírito de Deus. Ele é o melhor amigo que vocês podem ter. Existe um cone de energia que emana dos espíritos elevados. Quando vocês rezam e meditam, o espírito de Deus vem até vocês através de um cone de amor. Jesus, sua Mãe abençoada, os anjos e os santos são os emissários de Deus para confortá-los e purificá-los. A hoste divina se faz presente quando vocês pensam nela.

Vocês também têm amigos no mundo espiritual. São amigos cósmicos, que vocês chamam de anjos e que os ajudam em diferentes aspectos na vida, como carreira, saúde e muitas outras áreas. Vocês pensam que estão sozinhos. Acreditem-me, meus filhos, existem muitos e muitos guias que vão e vêm sempre que vocês precisam de auxílio.

O CONFORTO DOS ANJOS

Os guias espirituais, ou anjos, se manifestam sempre que é necessário. Quanto mais meditarem, mais abertos vocês estarão para receber a orientação que esses guias estão tentando transmitir. A mensagem deles é a mensagem de Deus.

O grande amor que eles sentem por vocês faz com que desejem muito ajudá-los. Eles lhes fornecem pensamentos espiritualizados. Os anjos acolhem com alegria o momento que conseguem tocar seus pensamentos, o breve momento em que suas mentes estão abertas à orientação deles. Quanto tempo vocês imaginam que leva para transmitir um pensamento de orientação? Poucos segundos, meus filhos.

Eu desejo que vocês encontrem a felicidade em sua jornada terrena. O conforto e a esperança podem vir de muitas fontes. Aproveitem as oportunidades e a ajuda que seu Pai Celestial lhes oferece. Suas vidas ficarão mais completas e vocês não se sentirão tão sozinhos.

AS FONTES SÃO MUITAS

Vocês nunca são abandonados pelos espíritos. Em primeiro lugar, Deus é onipresente. Além disso, existem os anjos e os guias. E mais ainda: vocês têm seus amigos espirituais, anteriores à sua chegada nesse plano, que são os amigos mais queridos e chegados que vocês podem imaginar. Assim como Deus e sua hoste, esses espíritos amigos os confortarão sempre que precisarem.

Vocês podem encontrar conforto em sua família, naqueles de sua comunidade que compartilham os seus interesses, em um círculo de amigos que pensa como vocês e em sua conexão com Deus. Eu já disse que vocês podem falar diretamente comigo, sua Mãe Celestial. Vocês são meus filhos. Eu me interesso por vocês. Que a paz esteja com vocês, agora e sempre.

22

O chamado para a oração

Eu sou Maria. O propósito da oração, meus filhos, é estabelecer a conexão que fortalece o espírito e conforta a alma. Vocês pensam que só existe o corpo. Este é somente um invólucro físico para a sua verdadeira essência, que é o espírito. A oração é a conexão com a energia que fortalece e apóia o seu ser verdadeiro, a sua essência.

A oração alcança quem ou o que estiver no pensamento de vocês em dado momento. Rezem quando estiverem preocupados com a segurança do futuro. Rezem quando temerem as tarefas do dia. Rezem quando precisarem tomar decisões; vocês serão guiados. Rezem quando se identificarem com os problemas dos outros. A oração acalma as águas agitadas.

É GRANDE A NECESSIDADE DE ORAÇÃO

Rezem para o mundo. A luz se irradia para a direção que vocês indicarem. Rezar os deixa mais leves, mais livres, mais contentes. Rezem por outros e pelas situações que causam sofrimento.

Rezem para os que têm dificuldade de amar. As orações cicatrizam as feridas daqueles cujos pensamentos estão confusos. Todos são filhos de Deus e podem se unir. Irradiem luz para os seus corações, mentes e espíritos. A luz irá purificar os pensamentos desses irmãos.

Pensamentos palavras e imagens constituem orações. Se vocês estão perdidos e não sabem como rezar, pensem em alguém, com o coração cheio de amor, e imaginem uma luz brilhante afastando-o das trevas. Tudo o que é pleno de amor, cura. Imagens saudáveis servem como oração. Quando vocês não sabem as palavras corretas, imaginem o resultado desejado.

Quanto mais vocês rezam, mais vocês recebem conforto. Em períodos de depressão e angústia, sentem-se em silêncio. Pensamentos aflitivos bloqueiam a energia que cura. Vigiem seus pensamentos. Digam a si próprios: “Tudo está bem. Deus é a luz do mundo.” Rezem para ter fé. Vocês começarão novamente a confiar em Deus e em vocês mesmos.

CONFIEM NA LUZ DE DEUS

Tudo o que vocês temem influencia suas vidas. Eu vejo meus filhos enfurecidos com os erros alheios. A atenção com o comportamento dos outros não é uma atitude de amor. Perdoem e rezem para terem força para amar o próximo. Quando vocês começam a amar, passam a não mais temer os desafios que surgem.

O medo faz com que o inimigo pareça maior do que a vida. O amor afasta o medo acalmando a raiva. Amando, vocês ficam em paz. A mente se torna mais clara. Vocês encontram seus caminhos ou são guiados para outros caminhos, de forma a poderem lidar com os problemas. O amor é uma força poderosa. Rezar cria uma conexão com esse poder sempre que vocês precisam de força. A oração cria uma carga altíssima de energia que emana do espírito de Deus em direção ao espírito do homem.

A ORAÇÃO MAIS PODEROSA É A EXALTAÇÃO

Há muitas formas de oração. Pensamentos de gratidão são orações de exaltação. Eles elevam seus espíritos a uma energia maior quando vocês estão tristes. Pensem em seus corpos saudáveis. Agradeçam por suas mãos que trabalham, por seus pés que lhes permitem caminhar. Pensem com amor sobre todos os pequenos prazeres de seu dia. A gratidão é um pensamento de louvor a seu Criador.

Olhem em volta para todas as coisas de que vocês gostam. Lembrem-se de como vocês desejavam os bens que agora possuem. Sejam sempre gratos. Agradeçam a Deus pelo conforto e pelas alegrias de suas vidas. A gratidão cria um espírito de alegria.

REZEM SEM CESSAR

Quantas horas por dia a mente de vocês divaga lembrando antigos ressentimentos? Quando algum desses pensamentos surgir, rezem por compreensão. Rezem para serem capazes de perdoar. Enviem um raio de luz cheio do amor e do perdão de Deus.

Vocês se preocupam com o sofrimento dos seus amigos? Ofereçam uma pequena oração por sua cura. Vocês são convocados a rezar sem parar. Tenham os filhos de Deus em seus corações.

Rezem enquanto trabalham, enquanto se divertem, quando acordarem e antes de irem dormir. Rezem quando forem confrontados com as pequenas dificuldades da vida. Rezem pelos que estão em conflito, sejam eles seus colegas de trabalho ou países em eterno antagonismo.

Rezem por sabedoria para aqueles territórios que estão presos aos mesmos problemas há décadas. Para os que são egoístas e cruéis, a fim de que eles aprendam a fazer o que é certo sem ferir os outros.

Rezem pela harmonia nos lares, para os que estão perdidos e para os que sofrem com problemas físicos. Para que aqueles que estão em seu pensamento tenham suas necessidades supridas. Orações movem a energia na Terra. Que a minha paz esteja com vocês.

23

A crença de seus antepassados

EU SOU MARIA. Como vocês são amados, meus filhos! Deixem que esse pensamento os sustente. Esta é minha mensagem de hoje e de todo dia. Meu tema neste momento é a cura da culpa.

Todos vocês vêm de uma tradição de ancestrais que aprenderam as verdades de Deus sob diferentes formas. Alguns aprenderam os ensinamentos dos profetas. Alguns aprenderam com os líderes das igrejas. Outros, com os chefes de suas tribos. Aqueles com crenças mais elevadas receberam os ensinamentos do espírito de Deus. A fonte de toda a verdade é Deus. Todos esses acessos à verdade e às fontes de inspiração estão abertos, neste momento, para vocês.

O CAMINHO PARA A LUZ

O caminho para a luz não é nenhuma igreja ou religião. O caminho para o reino de Deus, que vocês chamam de paraíso, é agir corretamente, com Deus no coração. Eu os tenho encorajado a retornar a suas igrejas e templos. Isso irá fortalecer o espírito que está dentro de vocês.

No entanto, freqüentar determinado local não é o mesmo que agir corretamente com Deus. E Deus não pergunta "Vocês têm freqüentado sua igreja ou seu templo?", como uma forma de julgá-los. Vocês são instruídos a freqüentar os lugares sagrados para tornarem-se mais fortes espiritualmente.

Cada um de vocês é julgado pelas escolhas que fazem em prol do próprio espírito. Mas pense como um pai guiando seus filhos: depois que se cresce, cada um é responsável por suas escolhas.

Os pais precisam soltar seus filhos. O trabalho de guiá-los termina quando estes crescem e se tornam adultos. Respeitem as escolhas deles da mesma forma que vocês desejam que respeitem as suas.

ENSINEM SOBRE DEUS AMANDO AO PRÓXIMO

Vocês desejam ajudar o próximo? Sejam exemplos de amor. O amor e a humildade falam alto. O que quer que seja visto como confronto ou como demonstração de poder não é amor. O seu caminho não é o único que existe. Aprendam com as mensagens do mestre Jesus, que ensinou com exemplos e com histórias. Cada um ouve a história e a interpreta de acordo com as próprias necessidades. O Mestre atrai as pessoas com sua infinita compaixão.

O caminho para a luz é o amor. A mensagem de seu Pai é para que aprendam a amar. A mensagem de Jesus é de que o amor complementa os mandamentos. E o amor tem a ver com intensidade. Vocês sempre podem amar mais profundamente e com mais compaixão.

Vocês se sentem em paz? Todos estão repletos de amor e alegria com o que dizem e fazem? Façam o que é certo. Onde o amor estiver, lá haverá a paz. Deixem que suas vontades estejam de acordo com a vontade de Deus. A aceitação traz essa paz.

Deus está sempre com vocês. Quando vocês fazem o que é certo, vocês são ajudados. Quando suas escolhas decorrem do medo, da culpa ou da vontade de controlar é porque vocês estão atuando sozinhos. Suas escolhas são respeitadas. Deus faz mais do que os confortar. Quando vocês respeitam a vontade divina, Ele os ajuda.

BUSQUEM ORIENTAÇÃO ANTES DE OFERECER AJUDA

Vocês podem enxergar dentro do coração dos outros? A única maneira de prover uma ajuda efetiva é ajudar o próximo a obter o que ele próprio procura por meio de seus esforços. É preciso ajudá-lo a conquistar o que ele merece, e não a encontrar uma solução que vá prolongar seu sofrimento, ou uma solução que vocês considerem ideal.

Vocês desejam ser defensores da verdade de Deus? Rezem para que Ele ajude os que precisam. Certifiquem-se de que Ele enviou uma resposta. Vocês não terão que lutar quando a verdade vier à tona.

Vocês não são responsáveis pelos erros alheios e nem serão condenados por suas próprias faltas. Liberem-se desse tipo de pensamento. Cada um tem um caminho.

Não conseguir se perdoar é a sentença para um destino infeliz. Qual é a razão dessa culpa? Algo pode ser modificado? Que lição vocês aprenderam com o erro? Pensem sobre isso e libertem-se da culpa.

Vocês são capazes de perdoar aqueles que o magoam? Deus tem perdoado suas faltas reais e imaginárias. Vivam o presente. Deus não os julga da maneira como vocês pensam. O julgamento final será feito por vocês mesmos com base nas condições de seus corações.

Julgar é uma concepção humana. O julgamento está na cabeça dos homens, pois eles percebem a bondade e a perfeição de Deus. É a ausência de amor, que vocês sentem como culpa, que é confrontada e pesada no julgamento.

Rezar para o Pai os lembra de perdoar os outros. Quem reza pede à misericórdia de Deus que lhe conceda uma chance de aceitar um perdão que Ele já concedeu.

No fim da vida julgamos a nós mesmos. Confrontamos o que nos comprometemos a fazer com o que fomos realmente capazes de realizar. Nossa alma escolhe o plano que lhe é adequado. Entendem agora por que vocês precisam se perdoar? Para que possam seguir adiante.

Seu trabalho diário é bastante complexo. Ele consiste em crescer espiritualmente, em amar incondicionalmente e em curar-se. Será que vocês ainda precisam de culpa para se ocuparem mais?

Eu lhes dou a minha paz. Eu os guardo em meu coração.

24

Iluminando os seus dias

Eu sou Maria. A mensagem de hoje é sobre como trazer alguma felicidade aos seus dias. As alegrias do dia decorrem da gratidão, do sentimento de realização e do trabalho. Vocês se encontram em desespero? Trabalhem em cada uma dessas áreas para produzir alegria.

Cada dia nos oferece novas oportunidades para sentir alegria. Vocês não podem se apaixonar a cada dia, isso é verdade. A vida não é um feriado com aventuras novas e excitantes o tempo inteiro. Não é sempre que vocês podem fazer mudanças radicais ou começar um projeto memorável. A alegria vem quando o coração está aberto para as experiências da vida.

Justamente nos momentos em que a vida está mais difícil, as menores alegrias são capazes de animar vocês. Aquele que está na prisão espera pelos raios de sol. Aquele que tem sede sente-se grato por um simples gole de água. Quanto menos feliz você está, mais razões você tem para sentir-se alegre. Deus já fez a sua parte.

A felicidade deriva de se estar totalmente presente no momento em que se vive. A tristeza vem de achar que falta algo, seja em sua situação, seja em você mesmo. Vivam como se todas as suas necessidades estivessem supridas.

Cada pessoa tem necessidades e desejos específicos. Perguntem-se o que os faz realmente feliz. A felicidade saudável não causa culpa ou arrependimento. Desejos saudáveis são naturalmente generosos. Reservem algum tempo para os momentos preciosos.

RESERVEM TEMPO PARA A ALEGRIA

Vocês podem viver um amor desmedido todos os dias. Amem os pássaros, as árvores, o céu, as nuvens, as músicas sublimes, a companhia daqueles que os cercam. Busquem o silêncio, pois no silêncio há Deus.

A felicidade verdadeira vem do amor que vocês expressam em seu trabalho e nas experiências do dia. A alegria é a sensação de viver na energia mais elevada. Alegria é a consciência interior de que vocês são filhos do Deus vivo e de que tudo na vida é importante.

O campo espiritual em que vocês vivem sua existência é uma realidade cheia de estágios, quer vocês saibam disso ou não. A sensação de estar "por baixo" é o reconhecimento de estar em um estágio inferior desse campo espiritual. No estágio inferior de espiritualidade, espíritos baixos penetram em seu pensamento infundindo idéias destrutivas por meio de raciocínios errados.

Sua auto-estima, sua avaliação sobre a importância de suas contribuições em determinado momento, suas projeções para o futuro; tudo isso pode fazer com que vocês variem de estágio em função da percepção de quem vocês realmente são. Reflitam sobre o que vocês podem fazer para se melhorar ou para melhorar a situação em que se encontram.

O QUE É CERTO NESTE MOMENTO?

Reflitam sobre o que vocês poderiam fazer ou pensar neste momento com o intuito de se conhecerem melhor. Quanto mais tempo vocês ficam presos em um estágio de baixa energia, mais difícil é sair dele. Façam uma lista de situações que poderiam deixá-los alegres. São pensamentos saudáveis? Vocês têm capacidade para torná-los reais?

Antes de conseguirem se desligar dos sentimentos mais baixos, vocês precisam se harmonizar. Harmonizar-se é alinhar o espírito com a vontade suprema — a vontade de Deus. Comecem aceitando as coisas como elas são.

Vocês podem se sentir bem dizendo: "Eu aceito as coisas como elas são, sabendo que Deus está no controle." O descontentamento começa a desaparecer quando vocês passam a acreditar que a situação em que se encontram neste exato momento tem um significado e um propósito. A aceitação significa que vocês não estão mais resistindo às possíveis variações de sua condição presente.

Se uma situação não pode ser mudada, rezem por paz interior. Para resultados que ainda não estão definidos, rezem por orientação e creiam que serão guiados. As dificuldades que vocês imaginaram passarão desapercebidas ou serão menos árduas. Vocês encontrarão respostas.

A gratidão traz a graça. O medo os deixa paralisados e impotentes. A vida, por si só, já é um presente. Encontrem motivos para agradecer. Jesus disse: "Eu vim ensiná-los a dar valor a vida."

A ALEGRIA DE AJUDAR O MUNDO

Enquanto vocês habitam o plano físico sua consciência está em alta vibração. Isso significa que vocês são capazes de mover a energia na Terra. Seus pensamentos e orações tocam de forma profunda as mentes dos outros.

Reflitam cuidadosamente sobre os pensamentos que vocês emanam. No mundo dos espíritos seus pensamentos são acessíveis a todas as mentes. Em razão da vibração dos pensamentos conscientes na Terra, os pensamentos de hostilidade afetam negativamente os outros, enquanto os de fé, elevam-nos. A alegria está em se doar aos outros.

Enquanto estão vivendo na Terra, a energia amorosa que possuem pode curar o planeta, assim como a energia egoísta pode causar destruição. Imaginem, então, o poder de suas preces. Qualquer que seja a energia que vocês estejam irradiando, ela se intensifica quando vocês rezam pela vontade de Deus. A alegria está em ajudar a humanidade.

Se desejam qualquer intervenção de Deus na Terra, vocês precisam pedi-la. A hoste de Deus não intervém sem o pedido do homem. Ainda assim, nem todas as situações podem ser mudadas. Eu ouço as pessoas enfurecidas com Ele por causa da maldade no mundo. Parte dessa maldade é sofrimento cármico. Em alguns casos, as pessoas que estão vivendo esses sofrimentos não têm o privilégio da graça. O homem não tem a graça de viver sempre o que é justo. A felicidade está em aceitar a vontade de Deus.

Respeitem a sabedoria superior. Aqueles que criticam Deus pelas condições que vivem na Terra acreditam que sabem de tudo. O conhecimento e a compreensão na Terra são limitados.

O CRESCIMENTO ESPIRITUAL É MAIS IMPORTANTE

Aprender a amar significa aceitar que o sofrimento terreno não é nada se comparado ao crescimento de suas almas eternas. A hoste divina sofre com vocês, mas nem todo sofrimento pode ser atenuado. Primeiro é preciso aprender as lições. Existe alegria no crescimento espiritual. Rezem para aliviar o carma.

Rezem para aqueles que sofrem. Rezem de coração para coração. Rezem para a cura espiritual do próximo. Deus está preocupado com a alma eterna de cada um. A felicidade está na aceitação da vontade de Deus. Parem de julgar. Deixem que Deus se manifeste. Que a paz esteja com vocês.

25

A verdadeira existência

EU SOU MARIA. A verdade de sua existência é que todos os sofrimentos terrenos têm a ver com confiança. Vocês terão uma estrada difícil de trilhar se decidirem julgar a si próprios, aos outros, julgar suas experiências ou o que é justo na Terra. Imaginem uma criança de dois anos julgando a capacidade dos pais de impor as regras para o seu bem-estar.

Para Deus, vocês são como uma criança de dois anos. Vocês não sabem para onde estão indo. Como podem então decidir o que precisam saber? Vocês não se lembram do acordo que fizeram antes de vir para a Terra. Como ousam então julgar o que está certo?

Esse raciocínio é aplicável a toda experiência terrena. Em vez de julgar a Deus pelo que vocês não entendem, rezem com amor e compaixão por aqueles que estão em situações difíceis e cruéis. Rezem com amor para si mesmos quando estiverem fragilizados e temerosos.

DÊEM GRAÇAS ANTECIPADAMENTE

Quando estiverem rezando, agradeçam a Deus por tê-los atendido. Esse pensamento de gratidão aumenta a confiança. A gratidão antecipada confirma a fé de que seremos atendidos.

Embora saibam que a luta os faz crescer, vocês podem pedir por compreensão e cura para si mesmos e para os outros. Com essas orações, o carma será aliviado, pois as lições serão aprendidas mais rapidamente. Há momentos em que os problemas começam a nos deixar de lado.

A verdade de sua existência é que vocês são luz, uma faísca originária da inteligência criativa. Vocês são oriundos do Pai e da Mãe de toda a existência. Um filho pode rejeitar e abandonar os pais, mas estes continuam a amá-lo.

Assim se dá com sua Mãe Divina e com seu Pai Celestial. Eu estou enviando estas palavras por um mensageiro a fim de ajudá-los a entender o caminho que trilham na Terra. Sejam como filhos para seus pais celestiais. Sejam humildes e respeitadores. Nós os amamos e queremos ajudá-los. Por que tropeçar no escuro quando podemos iluminar seu caminho?

CONQUISTAR A SABEDORIA COM A HUMILDADE

Façam o bem, busquem a sabedoria e caminhem com humildade ao lado de Deus, disse o profeta. Sua humildade e sua bondade fazem com que possamos nos comunicar com vocês. Deus fala à sua mente e aos seus pensamentos. Enquanto dormem, orientamos os passos que vocês precisam dar no dia seguinte. O espírito divino que me acompanha é o espírito de Deus. Eu, Maria, faço parte da mais elevada hoste do céu. Quando vierem a mim, eu os ajudarei.

Durante o dia, a cada pedido de ajuda que enviarem, vocês serão ouvidos e obterão resposta. Nós não lhes fornecemos bolsas de dinheiro. Nós lhes damos ajuda espiritual. Nós oferecemos idéias e ensinamos o que vocês precisam saber.

Acalmamos o espírito de cada um para que façam o seu melhor. Nós os encorajamos quando estão temerosos. Quando vocês aprendem a escutar, nós falamos por meio de pensamentos e palavras.

Vocês já ouviram falar que a voz de Deus é delicada e suave. A voz de Deus é a voz do amor. As mensagens que Ele transmite afirmam que tudo está bem, e Sua voz é a voz que os salva dos pequenos problemas e das grandes lutas.

FALANDO COM DEUS

Quando seus corações estão sintonizados com Deus, vocês recebem ajuda. Falem com Ele o dia todo. Nós temos tempo para vocês. Nós podemos estar em muitos lugares ao mesmo tempo. Como um grande gerador, nós abastecemos todos os lampiões que estão sem querosene.

Eu sou a Mãe Celestial. Vocês podem falar comigo, com o Pai Celestial ou com seus anjos ou santos prediletos. O mundo está falando conosco, embora vocês pensem que nós não estamos escutando. Nós ouvimos tudo o que vocês pensam. Vemos tudo o que vocês fazem; quando agem com maldade e quando agem com dignidade.

Vocês são nossos filhos. Pensem no quanto vocês amam seus filhos. Vocês os rejeitam quando eles falham ou agem irresponsavelmente? Nós queremos que vocês se perdoem e que transformem seus corações. Queremos que vocês tenham paz interior.

DEUS É UM ESPÍRITO DE AMOR

Recordem um momento de suas vidas em que seus corações estavam totalmente abertos e sem medo. Quem sabe no nascimento de um filho? Quem sabe vocês haviam acabado de descobrir o quanto alguém os amava?

Talvez vocês estivessem brincando com um animalzinho enquanto pensavam nas maravilhas da criação. Vocês se lembram daquele sentimento? Vocês se lembram do momento em que amaram sem querer nada em troca? Vocês se recordam do sentimento de um pai que sabe que seu filho é uma dádiva, não um recurso, mas um presente.

É esse o amor que Deus sente por cada um de vocês. É de extrema importância que vocês entendam isso, para que não desistam de vocês mesmos ou de suas vidas quando os obstáculos parecerem intransponíveis. O amor de Deus está no coração de todas as pessoas.

LAPIDANDO O DIAMANTE QUE HÁ EM SEU CORAÇÃO

É durante as situações mais terríveis que seus Pais Divinos os observam mais de perto. Vocês precisam dos abismos da vida para se transformarem em espíritos elevados e para retornarem à luz que os criou. Quando vocês se tornarem diamantes perfeitamente lapidados, o sofrimento terminará.

Vocês nunca serão abandonados. Nós cuidamos de suas almas. Saibam que são amados independentemente das condições ou circunstâncias de sua existência. A consciência desse fato irá minimizar os sofrimentos inúteis. Não pensem que estão sozinhos ou que o sofrimento que estão vivendo não tem propósito.

Os espíritos mais elevados experimentaram os maiores sofrimentos. Seus amigos estarão a seu lado quando os predadores os atacarem. Aqueles que vocês julgavam amigos talvez fiquem de lado olhando com indiferença, ou aumentando sua dor atormentando-os com culpas. Talvez vocês pensem que o Universo os escolheu particularmente para sofrer.

Essas experiências foram criadas para ensiná-los a ter compaixão com os outros que sofrem. São experiências que os desafiam a perdoar a crueldade do próximo. Sofrer ensina a buscar conforto no Criador, em vez de no mundo material.

O último teste por que passarão, quando se virem abandonados, será tentar perdoar, como Jesus fez. Vocês serão submetidos a um desafio que Deus acredita que vocês são capazes de enfrentar. Há uma recompensa em cada passo do caminho. Vocês se tornarão seres mais poderosos.

PARTE VI

Aprendendo mais sobre Deus

26

Entendendo a graça divina

EU SOU MARIA. Essas mensagens são para limpar espiritualmente seus corações. A purificação começa quando vocês se concentram em algum dos muitos métodos sugeridos.

O caminho que trilha em sua vida não deve ser encarado como uma meta solitária. Ele é uma jornada de evolução pessoal e espiritual que se estende para além da vida física. É uma jornada eterna. Vocês são desafiados a se tornarem virtuosos e sábios.

A estrada de suas vidas é larga e fácil de seguir? Significa que estão apenas começando. Vocês encontram obstáculos o tempo inteiro, em uma estrada dura e escarpada, que surgem como barreiras intransponíveis? Significa que vocês estão quase alcançando a luz. Aceitem as condições que se apresentam, pois isso irá ajudá-los a superarem as situações mais difíceis com maior rapidez.

Em cada estágio da caminhada, contemplem suas vidas. Estejam prontos para olhar para dentro. Mas não façam isso com o objetivo de condenar a si mesmos, e sim para avaliar com amor quem vocês são, para ajudá-los a enxergar o que poderiam fazer para mudar o que precisa ser mudado.

O projeto da vida está dentro do coração de vocês. A orientação sobre como fazer o que vocês precisam fazer vem do mundo espiritual. Se vocês não acreditarem nisso o sofrimento irá impedir o seu progresso. Aceitar o sofrimento com humildade tem um valor de redenção que promove a graça. Se vocês têm um débito cármico, por exemplo, ele será apagado. Quando sofrem sem estar devendo nada, é porque vocês têm a graça de uma reserva de coisas boas destinadas a vocês. Sofrimento junto com ressentimento cria mais débitos e barreiras à graça. Compreendem a vantagem do aprendizado?

Enquanto sobem as escarpas que levam ao plano de luz, vocês precisarão de ajuda para não serem abatidos. Nessa hora, a graça aplainará o caminho.

Se não voltarem seus corações para Deus, fracassarão nos testes que vocês mesmos escolheram e sentirão arrependimento pelas oportunidades perdidas.

UMA ORAÇÃO DE GRAÇA

A oração do rosário, ou terço, tem relação com o perdão. A oração certifica que sua Mãe Divina foi dotada com a graça para ajudá-los. Dizer o terço assegura que eu, Maria, estou estendendo essa graça a vocês. O rosário é poderoso, pois suas palavras têm muita força. Honrando a Mãe de toda a existência, vocês recebem a graça de Deus. O Pai atende a suas preces e Maria confirma os pedidos.

Os cristãos protestantes acreditam que honrando Maria, a Mãe, eles estarão, de alguma forma, diminuindo a Deus. Esse raciocínio não está obviamente errado? Será que revelar o amor por sua Mãe significa dizer que não se ama o Pai suficientemente?

A DESONRA DA IGREJA A MARIA

Alguns protestantes crêem que honrar Maria é quase um sacrilégio. O mundo cristão honrou Maria por 1.500 anos depois do nascimento de Jesus. A Reforma Protestante resultou na crença equivocada de que honrar Maria não era adequado.

Martinho Lutero e outros líderes da Reforma disseram a seus seguidores que eles poderiam ir diretamente para o assento ao lado de Deus, que não era preciso pagar para que a igreja intercedesse por eles e que ninguém precisaria da intercessão da Mãe Divina. Esses ensinamentos não estão errados. Seguindo as orientações de Jesus, seus corações se tornam limpos e vocês podem, de fato, falar diretamente com o Pai em qualquer momento.

No entanto, a razão do tributo a Maria está sendo entendida de forma errada. Esse é o motivo de minha vinda ao mundo neste momento: falar àqueles que têm a mente e o coração abertos, esclarecendo o propósito do rosário e explicando qual é a posição da Mãe Divina.

O rosário não é para ser rezado no lugar de rezar para Deus. A oração para a Mãe Divina serve: 1) para limpar a energia que os cerca; 2) para provê-los com a graça a fim de aliviar um pouco seus sofrimentos na Terra. Alguns sofrimentos serão neutralizados.

Os reformadores protestantes estavam em uma Cruzada para livrar a Igreja Católica de uma forma de extorsão que mantinha as pessoas com medo. O medo foi utilizado pelas autoridades eclesiásticas para pressionar as pessoas a doarem dinheiro para a igreja, a fim de que esta, supostamente, intercedesse junto a Deus em favor delas. A Reforma reviveu a igreja cristã corrigindo alguns erros e restituindo uma energia da qual se necessitava desesperadamente. Infelizmente, sempre que há um movimento que divide uma igreja, uma das doutrinas acerta enquanto a outra cria novos erros.

JESUS, O FILHO QUERIDO

Ao redor do mundo, pessoas que buscam a espiritualidade continuam sem conseguir compreender o destino de Jesus. Como parte da tríade divina, Jesus fez exatamente o que os cristãos sempre acreditaram que Ele havia feito. Jesus concordou em vir ao mundo e caminhar entre vocês em um corpo físico para lhes ensinar sobre o amor de Deus. Quando pessoas que se encontravam perdidas rivalizaram com Ele pelo poder, Jesus aceitou sofrimentos absurdos para demonstrar o amor incondicional de Deus. Ele ofereceu seu sacrifício como uma graça aos penitentes, da mesma forma que eu, a Mãe Divina, ofereci meus serviços à humanidade. A graça é a bondade disponível para equilibrar os débitos espirituais.

A morte de Jesus não serviu como uma compensação ao poder da ira de Deus. O sacrifício de Jesus foi uma dádiva de amor. Deus os ama tão integralmente que Ele deseja que o pior dos homens modifique seu coração e venha para perto Dele.

A expiação das faltas funciona em bases individuais, embora Jesus tenha morrido para expiar as faltas de todas as pessoas. Jesus e eu somos a fonte da graça ilimitada de Deus para vocês.

Vocês devem viver uma vida de bondade. Seus corações devem agir certo com Deus. Vocês se comprometeram a curar suas deficiências aqui na Terra. Para ter acesso à graça, vocês precisam se sentir merecedores, e para merecer vocês precisam buscar Deus com todo o coração.

Em um instante vocês podem voltar o coração para Deus. É verdade que uma experiência dessas, que muda a vida de uma pessoa e abre o seu coração para a total humildade e compaixão pelos outros, pode ocorrer em um momento de graça. Vocês podem ser "salvos" da ignorância abrindo as suas mentes. A salvação e a cura, no entanto, são processos que levam a vida inteira. A salvação se dá com a pureza do coração, quando ele atinge um estado de inocência e humildade infantis.

PERDENDO TERRENO

Acreditar-se indigno da bondade de Deus faz com que não alcancemos as graças. Aquele que tem o coração puro vive em devoção a Deus e em perfeito amor e compaixão pelos filhos de Deus e pelas almas perdidas. O coração puro vive em unidade com Deus.

Jesus deseja tanto quanto eu ajudar vocês. Ele disse: "Vivam a cada dia com o meu amor em suas almas. Honrem o Pai e a Mãe da existência. A vida será mais completa e cheia de esperanças."

A graça é uma proteção contra alguns sofrimentos. Vocês ainda terão que sofrer. Quando abrem seus corações para Deus, vocês recebem a graça. Quando outros rezam por vocês, a graça é ainda maior. Quando vocês fazem o bem ou quando algum espírito elevado intercede a seu favor, vocês recebem graça em abundância.

O objetivo de vocês é purificar seus corações. Quando eles estão limpos vocês conseguem enxergar Deus. Eu continuo a amá-los e a guardá-los em meu coração. Meu coração clama por suas orações. Eu estou por perto enquanto vocês limpam suas almas e aprendem a agir com humildade. Que a paz esteja com vocês.

27

De coração a coração

EU SOU MARIA. O aprendizado por meio do sofrimento é mais doloroso quando não há compreensão. Minha mensagem hoje é para que vocês analisem a situação que estão vivendo usando sua sabedoria interior. Esqueçam por alguns instantes quem está certo e quem está errado, quem está fazendo o quê a quem, e vejam cada experiência da vida como uma lição.

A questão é: "O que eu posso ganhar me tornando mais espiritualizado?" Normalmente o foco está nos bens materiais que vocês estão perdendo. Vocês devem estar pensando: "Isso vai me custar muito dinheiro, ou auto-estima, ou outra coisa."

Parem de querer que a vida seja da maneira como vocês planejaram, pois assim ficarão mais fortes do que as situações que terão que enfrentar. Ajam como se cada experiência tivesse sido designada especialmente para que vocês vissem que podem agir com amor.

COM HUMILDADE NO CORAÇÃO

A humildade põe fim à ansiedade e à confusão. Faz com que vocês se harmonizem com a vida e passem a ser uma bênção para aqueles que conhecem. Vocês passam a sentir o amor que cura. Começam a enxergar os acontecimentos de forma diferente. Passam a ver as incontáveis dádivas que Deus lhes garante todos os dias.

Aprendam sobre o amor para toda a vida. As lições de amor e compaixão ficam cada vez mais difíceis para aqueles que querem se tornar espíritos elevados. Primeiro vocês aprendem a amar os corrompidos ou os indiferentes. À medida que avançam, vocês passam a querer amar as pessoas egoístas, cruéis, más, sádicas, perversas ou violentas.

Isso não quer dizer que aqueles que cometem males piores não mereçam ser amados. Vocês devem olhar para suas vidas buscando entender o significado desses erros para vocês. A partir dessa perspectiva vocês terão a oportunidade de aprender sobre a compaixão pelo sofrimento de pessoas com as quais você nunca se importou.

Para dar significado ao sofrimento, vocês precisam conhecer a importância das lições que são extraídas das experiências. Vocês se tornam mais equilibrados quando conseguem enxergar de que forma podem estar causando sofrimento aos outros.

ONDE ESTÁ A MINHA ESPERANÇA?

Nas situações mais difíceis, os desafios são realmente maiores. Vocês sofrem a dor do abandono, seu coração lhes parece repugnante e desprezível, e sentem, algumas vezes, que Deus lhes virou a cara.

Sem essas dificuldades vocês não conseguiriam se fortalecer e continuariam a pensar que têm todas as respostas. De que outra forma vocês poderiam aprender?

Considerem a natureza das lições que estão aprendendo. Vocês sofreram abusos? Isso está lhes ensinando o perdão? Quem sabe a pessoa que os fez sofrer foi enviada para que vocês também a ajudassem a crescer. Rezem para que ela se torne mais bondosa e amorosa.

Seus esforços vêm sendo rejeitados? Vocês estão sofrendo com dificuldades para conseguir ter o estilo de vida que desejam? Vocês sofrem sentindo que não estão conseguindo progressos pessoais? Talvez os sofrimentos tenham diminuído sua confiança e seus talentos tenham se perdido.

Tudo isso é temporário. O que quer que tenha se perdido pode ser reencontrado. Sua saúde pode ser recuperada, sua auto-estima pode ser restaurada e suas experiências podem ser usadas mais tarde, de uma forma que vocês não conseguem entender agora, para lhes proporcionar mais compaixão pelos outros.

TUDO ISSO AINDA ESTÁ DENTRO DE VOCÊS

Nada do que vocês aprendem se perde. Tudo permanece dentro de vocês. Hoje, meus filhos, vocês receberão orientação acerca de sofrimentos específicos. Façam o que é certo e verão mudanças.

Alguns de vocês lutam com problemas físicos, emocionais e mentais. Não se sintam desmoronando. Acolham a presença de Deus, pois Sua energia curativa os envolverá em um abraço de alegria e bênçãos. Vocês passam a experimentar uma unidade espiritual que transcende o sofrimento.

Vocês passam a viver as provações de forma mais tranqüila. Aqueles que sofreram e se curaram passam a ter compaixão pelos outros. Vocês buscariam Deus se não fossem lembrados de suas fraquezas?

SUPERANDO O MUNDO MATERIAL

Será que a vida é mais feliz em virtude da fartura de bens materiais? Sua vida se limita ao mundo material? A riqueza tornou-se sua única preocupação?

Os bens servem para suprir suas necessidades, para que vocês possam servir à humanidade. Vocês se tornaram pessoas orgulhosas por causa dos bens que possuem? Vocês não os conquistaram unicamente em razão de seus esforços. Seus bens são dádivas. Foram vocês que criaram seus corpos, suas oportunidades e suas mentes capazes?

Vocês são necessários onde estão e podem modificar o mundo por meio do que fazem. Muitos pensam que seu valor é medido pelos salários que recebem ou pelo tamanho de suas casas. Essas bênçãos, entretanto, são como um teste para ver se vocês demonstram gratidão por Deus ou se desdenham de seus irmãos.

As perdas também podem ser consideradas bênçãos. Uma perda se torna uma bênção quando os ajuda a enxergar o que é realmente importante. Vocês podem ver o caminho que estão tomando. Acreditem que Deus sempre os coloca em situações que os fazem crescer em humildade e que possibilitam que vocês sejam uma bênção para os outros.

Sofrimentos inúteis decorrem do medo e da insegurança que sentem. Vocês não estão no controle. Quanto mais vocês se julgam responsáveis por determinar os acontecimentos, mais são desafiados por sentimentos de impotência.

A solução é acreditar que Deus irá suprir suas necessidades. Isso não quer dizer que vocês devam agir com irresponsabilidade, significa apenas que, quando vocês mantêm suas conexões abertas, recebem ajuda. A mente de Deus é o centro de tudo. Concentrem-se nessa unidade.

O TRABALHO DOS ANJOS

Um espírito elevado precisa compreender o medo, a dor, a solidão, a mágoa, a aflição, a angústia, a rejeição e todos os sofrimentos da Terra. Quando essa vida termina, seu espírito torna-se livre e vocês têm a oportunidade de se tornarem anjos para a humanidade, que está sofrendo da mesma forma que vocês já sofreram. A Terra é o campo de treinamento dos anjos.

Tratar certos sofrimentos com indiferença acaba por atraí-los. Vocês não têm que prover alimentos a todas as crianças famintas do mundo, mas podem rezar com compaixão para que suas necessidades sejam supridas. As situações que fizeram com que vocês sofressem geraram compaixão por outros em situação similar. Isso os tornou mais capazes de sentir compaixão e fez suas preces mais poderosas.

A VONTADE DE DEUS CURA

Problemas de saúde têm um componente espiritual ou emocional. Vocês estão descobrindo remédios para doenças antes consideradas incuráveis, algumas que já existiam há séculos. Isso é resultado de orações.

Seu Pai Celestial é a fonte dessa inspiração. A sabedoria de Deus supre cada necessidade. As pessoas podem se tornar instrumento da sabedoria de Deus na Terra. Rezem por curas holísticas (naturais). O tratamento certo não tem efeitos colaterais. A cura holística trabalha com o corpo, a mente e o espírito. As curas holísticas acontecem pela vontade de Deus.

O CHAMADO PARA A ORAÇÃO

Rezem para os líderes mundiais. Rezem para que seus corações se apiedem das necessidades de seu povo. Rezem para que os líderes do mundo permitam-se guiar para a solução dos problemas que seu povo enfrenta.

Rezem pelo fim da ganância e do egoísmo. No reino de Deus não falta nada. Rezem pelas provisões adequadas.

O CAMINHO PARA A CURA PESSOAL

Quando o tumulto emocional diminuir a concentração e o raciocínio lógico de vocês, rezem como se estivessem entoando um mantra, pois assim ficarão mais calmos. Encontrem um salmo ou um cântico tranqüilo que sirva para elevá-los espiritualmente. Quando recuperarem a concentração, rezem para restabelecer a harmonia no mundo.

Escolham suas próprias orações, mantras ou cânticos para equilibrá-los. As palavras têm o poder de curar o subconsciente. Os cânticos e os mantras limpam a energia que está dentro e em torno de vocês. Interiorizem-se para honrar o espírito, que é eterno.

CURANDO O MUNDO

Quando houver falta de bom senso, clamem pela sabedoria e pelo discernimento de Deus. A humanidade quer julgar as pessoas que se comportam de maneira cruel e insensata. Elas precisam mais de orações que curem seus corações do que de julgamento.

Peçam à sabedoria divina que forneça as respostas àqueles que melhor podem implementar as mudanças. Rezem com fé para que os problemas dos países, do mundo e da humanidade — problemas que perturbam vocês — sejam solucionados. Rezem até receber uma resposta. Sempre que vocês rezam, os anjos são enviados com orientação. A atenção e as orações de vocês atraem a sabedoria divina para seus problemas. Quando estiver na hora, suas preces serão atendidas.

O período na Terra é curto, mas há muito que fazer. Curem-se de suas falhas e afastem seus espíritos da confusão que os envolve. Rezem para vocês mesmos. Rezar para si mesmo não é um ato egoísta, a menos que o pedido seja algo que faça mal à sua alma ou que prejudique os outros. Esse é o motivo pelo qual vocês devem submeter tudo à vontade de Deus. Busquem a vontade de Deus e encontrarão uma saída.

USEM BEM ESTE MOMENTO

Há tempo suficiente para rezar por vocês mesmos e por todos que habitam suas mentes. Meus filhos têm estado distraídos com atividades que gastam o tempo de forma improdutiva. Perguntem a si próprios: "Será que é disso que devo me ocupar neste momento?"

Quando não souberem que caminho tomar, rezem por orientação. Perguntem ao Pai: "Como posso fazer uso do meu tempo da melhor maneira possível neste momento?" Vocês reservam tempo para meditar todos os dias? O Pai lhes fornece respostas durante os momentos de meditação se vocês perguntarem e escutarem. Quando vocês passam algum tempo em silêncio com Deus, as respostas são gravadas em suas mentes.

CURANDO A VIOLÊNCIA E AS OBSESSÕES

Rezem para a melhoria da qualidade dos livros, dos filmes e dos programas de televisão. Progressos vêm sendo feitos, mas ainda há muito o que fazer. Vocês podem educar enquanto divertem? Será que o que vocês comem e bebem os está deixando mais equilibrados e melhores. Imaginem como se sentiriam se soubessem que um anjo muito elevado os está olhando. Vocês estariam orgulhosos da forma como alimentam suas mentes e usam o tempo?

A Terra é um local de inúmeras alegrias. Procurem alegrias saudáveis, pois o que vocês absorvem com a mente é o que colocam no coração.

A GRATIDÃO EQUILIBRA E O AMOR ENVOLVE

Nos momentos em que estiverem se sentindo deprimidos, passem uma hora pensando em gratidão. Mentalizem um "muito obrigado" por todas as pequenas alegrias que vocês têm como certas. Isso irá lhes transmitir um nível elevado de energia e vocês se sentirão fortalecidos. Acreditem que ficarão curados.

Sintam-se gratos por suas vidas, pois elas foram designadas exclusivamente para vocês — seu corpo, sua família, seus amigos, seu trabalho, sua cidade, sua personalidade especial e única, seu intelecto, seus talentos e habilidades, suas idéias e sua compreensão. Todo o seu ser é um presente de Deus. Tudo o que vocês são é motivo para humildade e gratidão.

Pode ser que sua vida não seja sempre ideal, mas é a sua vida. A bondade de Deus é merecedora do amor de vocês. O mundo foi criado como um lugar de grandes oportunidades, e elas são muitas, independentemente de sua situação econômica.

A TERRA É UM BANQUETE

Vocês têm imaginação e poder para encontrar a felicidade, o conforto, para promover a própria cura, para aprender, crescer, para embelezar seu ambiente e para se transformar na pessoa que os deixaria orgulhosos. Vocês têm a capacidade de cumprir o contrato que fizeram antes de vir para esse plano.

A vida que estão vivendo gera conseqüências em sua eternidade. À medida que a alma evolui, cada existência passa a ter um significado maior. Quando vocês fracassam, retornam a vidas mais simples, fazendo trabalhos menos importantes. Vocês ficarão arrependidos e dirão: "Eu perdi terreno durante a vida."

Quando vocês alcançam a luz, seu nível de oportunidades depende de seu avanço na Terra. Vocês receberam talentos especiais para desenvolver na Terra, e os talentos que não foram desenvolvidos provocam arrependimentos, da mesma forma que as oportunidades perdidas.

Seu Pai sabe das dificuldades da vida na Terra. Ele sabe que a luta pelas necessidades pode mantê-los presos ao medo e aos esforços. A mensagem é para que vocês acreditem e se abram para a orientação de Deus. Vocês precisam realmente de todas essas coisas que exaurem seus recursos? O trabalho que fazem é adequado para vocês?

O TEMPO É SAGRADO

Eu, sua Mãe Divina, não estou sugerindo que todos vocês abandonem os empregos que os sustentam. Pensem no equilíbrio de suas vidas. Considerem suas verdadeiras necessidades. Vocês estão trabalhando para construir impérios ou estão apenas suprindo suas necessidades e dedicando algum tempo para sua jornada espiritual?

Reservem algum tempo, meus filhos, para nutrir o espírito. Rezem por respostas para essa confusão que os mantém atados.

Encontrem um círculo espiritual. As pessoas com quem vocês convivem são fonte de crescimento e estímulo ou elas esgotam sua energia? Reflitam sobre seus relacionamentos, se são construtivos e saudáveis. O que os está afastando do crescimento espiritual?

Perguntem a Deus se o que vocês estão fazendo é bom e certo. A menos que vocês estejam concentrados no ser espiritual, estão trabalhando em vão. Seu império de investimentos e sua enorme casa irão ruir e vocês verão que todo o trabalho não serviu para nada.

TRABALHAR EM DEVOÇÃO A DEUS

Trabalhar em função de sua ganância e poder resultará em nada. Trabalhem no Reino de Deus rezando para os outros, confortando os solitários, encorajando os que estão com medo, estudando com os que já são iluminados, e cantando com aqueles que têm alegria em seus corações.

Enquanto vocês olham para suas vidas e fazem o que é certo, vão-se livrando do medo, da raiva, da confusão e das idéias que os mantêm presos a situações difíceis. Vocês sentirão a minha presença e serão confortados.

Eu estou com vocês, assim como Jesus e o Pai Celestial. Nós os amamos e nos preocupamos com vocês. Nós levamos a sério sua jornada espiritual e sabemos qual é o seu caminho. Assistimos seu progresso.

Peçam e serão confortados. Não importa o que aconteça, estaremos sempre com vocês. Façam o que é certo e obterão ajuda. Deixem que eu esteja no coração de vocês. Eu sou a Mãe Divina. Estando comigo, vocês sentirão paz.

28

A trilha do destino

EU SOU MARIA. Meu povo quer saber o "porquê". Por que nós lutamos? Por que nós sofremos? Se Deus é amor incondicional, por que o mundo é um lugar imperfeito? O reino de Deus é feito de leis que equilibram e harmonizam. O reino de Deus restaura a justiça ideal.

A humanidade pode escolher. O que o homem desestabilizar pode ser novamente estabilizado. Seu carma, que é o sistema de Deus para obter a ordem divina, restaura o equilíbrio. Aqueles que têm a mente fechada sofrerão ao compreender que esse raciocínio é a sua destruição.

O amor de Deus é tão grande que vocês não são julgados por estarem errados sobre o que quer que seja. Deus perdoa de uma forma que o homem não consegue entender. Isso acontece porque ele vê os corações. Ele conhece suas motivações, seus pensamentos, sua confusão interior e suas intenções.

O que, então, provoca dívida e traz sofrimento àqueles que parecem não estar em desequilíbrio? O mundo foi criado como um campo de treinamento para fortalecer os filhos de Deus. As leis da natureza confirmam essa teoria. A vida, inclusive a maldade, foi criada para ajudar o espírito a crescer.

O espírito que está dentro de vocês é uma faísca da luz de Deus. Nele, Deus imprimiu um conhecimento sobre seu modo de agir, sobre os acontecimentos que vocês chamam de Leis do Universo. Essas leis, quando obedecidas, os mantêm em equilíbrio.

O sofrimento que porventura vocês experimentam é a manifestação de um mundo em desequilíbrio. O equilíbrio é sujeito às leis tanto do mundo físico quanto do mundo espiritual. As ações e os pensamentos de cada um criam as condições que causam o sofrimento. Imaginem um livro-caixa em que seja gravado tudo de bom que vocês fazem diariamente, junto com o que fazem de errado.

Quando o livro-caixa estiver repleto de créditos, o universo estará em dívida com vocês, e então vocês receberão o que chamamos de "graça". Quando o livro-caixa pesar mais para o lado das ações erradas, vocês estarão em dívida com o universo e receberão o que alguns chamam de "carma".

Com um grande débito cármico vocês terão que compensar o livro-caixa. Alguns acreditam que vivem pagando por erros que não cometeram. Essas almas podem ser como Joana d'Arc ou outros santos. Elas sofrem pelos erros alheios. Onde houver equívocos, haverá sofrimento para os espíritos elevados.

SERES ELEVADOS EM TREINAMENTO

Alguns dos que caminham com vocês na Terra vivem lições profundamente desafiadoras que lhes ensina as virtudes da paciência, do amor, da compaixão, da delicadeza e da compreensão, em apenas uma vida. Eles vêm para a vida com um tipo de débito autoimposto, referente aos erros dos outros. O sofrimento que eles enfrentam está muito além dos próprios erros. Eles escolheram esse destino difícil para fazer trabalhos espirituais na Terra ou depois que morrerem.

DÉBITOS ANTERIORES

O sofrimento pode ser oriundo de uma dívida que vocês já tinham mesmo antes da vida atual. Algumas crianças experimentam sofrimentos tão grandes que a humanidade balança a cabeça em desaprovação e pergunta: "Onde está Deus?" A hoste divina lamenta quando as crianças de Deus passam por grandes provações e sofrimentos. Nenhum sofrimento passa despercebido.

Nós dizemos que as dívidas passadas são débitos genealógicos. No livro-caixa em que tudo está gravado, há o registro das outras vidas. Os ocidentais não querem ouvir falar nelas devido à necessidade que sentem de estar no controle de tudo.

Vocês preferem pensar que a vida é uma incursão rápida até a linha de chegada. Vocês querem respostas rápidas e fáceis para tudo. Alguns escolhem uma religião que, ensinando uma oração de três linhas, garanta o acesso ao paraíso. Não, meus filhos. Vocês precisam trabalhar seus corações.

Quando Jesus perguntou aos discípulos "Quem eles dizem que eu sou?", eles lhe responderam: "Alguns dizem Moiséis e outros dizem Elias." O conhecimento sobre as outras vidas já existia antes mesmo que os concílios eclesiásticos decidissem que vocês não precisavam saber sobre elas. No entanto, esse conhecimento é necessário para que vocês aceitem melhor certas definições nesta vida.

Vocês vêm a Terra para curar o desequilíbrio de outras vidas. Alguns chegam profundamente feridos e não conseguem parar de sofrer, de sentir raiva ou mesmo ódio. Vocês precisam dominar essas emoções. Vocês vieram para curar antigas cicatrizes e estão atraindo as pessoas que lhes infligiram tais problemas para aprenderem a perdoar.

CURANDO A VORACIDADE

Muitos no mundo vivem com egoísmo. "Eu fiz isto, eu construí aquilo", dizem. Os egoístas optam por satisfazer seu apetite com comidas, drogas, álcool, bens ou posição social. Seus olhos estão sempre voltados para o mundo material. Talvez eles precisem viver uma vida de privações para acordar, ou para conhecer de perto o sofrimento causado pelos excessos. Se vocês não aprenderem as lições, poderão atrair a degradação que resulta do egoísmo.

Vocês precisam se curar de outras vidas que conduziram de forma imprópria, e estão aqui para curar o desequilíbrio que possa ter ocorrido nelas. Alguns de vocês ainda acumulam dessas outras vivências, raiva, culpa, arrependimentos e ressentimentos que precisam ser purificados. Se falharem na limpeza dessa realidade de confusão, atrairão o sofrimento necessário para que aprendam.

CRESCER EM SABEDORIA E GRAÇA

Vocês vêm à Terra para evoluir. Evoluir significa tornar-se mais espiritualizado, melhor, mais piedoso, mais amoroso e mais cheio de graças. Vocês vêm para aprender lições pessoais, para evoluir e para ajudar a humanidade a evoluir em pequena ou grande escala.

Vocês podem considerar isso uma grande incumbência, e é mesmo. Entretanto, muitos acreditam que suas vidas não significam nada e desistem completamente ou seguem acumulando mais débitos.

Mas também há notícias boas para a sua jornada. Todos vocês vêm com uma mente capaz, com discernimento e com habilidade para fazer o trabalho que lhes foi designado. Além disso, dispõem de ajuda para fazer o que lhes parece mais difícil. Vocês podem rezar para obter assistência para situação em que lhes faltar capacidade.

A luz de Deus é totalmente adequada. Ela absorve com facilidade os seus medos e as suas falhas quando vocês colocam os problemas nas mãos Dele. Para serem bem-sucedidos nessa empreitada, vocês precisam saber, confiar e acreditar que o que eu lhes digo é verdade. A luz de Deus absorve o que não é bom e provê força, coragem e sabedoria quando vocês pedem.

Falta coragem a vocês? Rezem por isso. Falta discernimento? Rezem para obtê-lo. Vocês estão perdidos? Rezem para serem guiados. Vocês precisam de ajuda para desempenhar seu trabalho? Rezem por sabedoria e orientação. Tudo isso está disponível no Universo, fluindo das mãos de nosso Deus grandioso, o Criador de todas coisas.

A AJUDA É PARA VOCÊS

Sejam humildes diante do Todo-Poderoso. Benevolência, gratidão e graça são concedidas aos filhos amados de Deus. Vocês são seres grandiosos e importantes, não duvidem. Mas será que são maiores do que o Pai que não só os criou, mas a todo o universo? Rezar ou não rezar é uma escolha. A vida pode ser boa e confortável com a infinita sabedoria que está à disposição. Mas vocês também podem gerir o empreendimento com o que lhes resta... sozinhos.

Como vocês podem aceitar os sofrimentos da vida sem saber de seus atos passados e sem ter conhecimento dos acordos que fizeram antes de vir? Acreditando que tudo na vida segue uma ordem divina. Essa é uma lição de confiança. Confiança é um sinal de humildade que emana dos corações que agem corretamente.

Honrar a Deus, buscar a face de Deus, comprometer-se com o bem-estar da humanidade, é o caminho para a paz. Confiem em Deus e terão um caminho mais fácil de percorrer. Vocês terão a paz interior, que minimiza o estresse. Vocês terão a paz interior, que os encoraja quando aos problemas aparecem.

Por meio da contemplação e da meditação vocês sentirão a presença de Deus. Aprendendo sobre Deus vocês conhecerão o espírito que é a essência de vocês. As provações terrenas parecerão ínfimas quando vocês abrigarem Deus em seus corações. O mundo espiritual é um mundo de grandeza e possui todos os meios para encher seus corações e suas almas de alegria.

Sejam gratos pelo que lhes foi dado e humildes frente à bondade e à grandeza de Deus. Que a paz esteja sempre com vocês.

29

A essência da inspiração divina

Eu sou Maria. Alguns de meus filhos não acreditam que eu, Maria, e Jesus estamos lhes enviando mensagens. Acaso pensam que Deus está morto? Pensam que Ele não tem interesse algum em vocês? Quando pensam em seus filhos, vocês se interessam pelo que eles estão fazendo? Vocês pensam que seu Pai não tem poder para se comunicar?

Jesus estava com os apóstolos enquanto eles escreviam as palavras de Deus, exatamente como foram transmitidas a eles, que constituem as escrituras, que hoje vocês chamam de Antigo Testamento ou Torá. Deus não só estava presente no momento da inscrição dessas mensagens, como foi Ele que determinou quando, onde e se esse material seria publicado.

Nem tudo o que acontece corresponde à vontade de Deus. As lições também vêm com os erros. No entanto, Deus, em sua benevolência, providenciou profecias e escrituras para inspirar em vocês sabedoria e compreensão sobre a vida espiritual.

Deus está agora trabalhando por meio de seus profetas e mensageiros para que suas mensagens sejam ouvidas. Eles levam vidas devotadas a Deus. Eles rezam pelo bem da humanidade, contemplam os problemas do espírito e ouvem o espírito de Deus que há no interior deles. Agora, Deus está usando seus mensageiros para transmitir suas mensagens para que a humanidade se prepare para a nova era.

Em todas as gerações, Deus encontra pessoas de mente e coração abertos para ouvir. Os mensageiros que estão escrevendo as mensagens agora foram escolhidos por Deus, assim como os antigos profetas. Deus disse a Daniel: "Eu coloquei minhas palavras em sua boca antes mesmo de você ser concebido."

Deus atende a seus espíritos eternos. Sua jornada na Terra é de grande importância. Vocês nunca são abandonados ou ficam invisíveis aos olhos de Deus.

Os discípulos de Deus ouvem as mensagens. O simples fato de estarem lendo isto significa que vocês querem compreender. Mantenham suas mentes abertas em estado de oração para poderem fazer o que vieram fazer. Deus falará a seus corações indicando o que é necessário. Coloquem de lado as crenças que os limitam.

O SUPRIMENTO DE SABEDORIA

O mundo espiritual é grandioso e glorioso, e cheio de informações e sabedoria. Vocês continuarão a aprender por toda a eternidade. Quanto mais vocês aprendem na Terra, maior é a alegria, maior o crescimento espiritual e maiores são as possibilidades de que façam o bem e evoluam no reino de Deus, agora e mais tarde quando estiverem no mundo dos espíritos.

Este livro fala principalmente sobre o seu bem-estar mental, emocional e espiritual. Eu já lhes pedi para que rezem, meditem, e se afastem das atividades que tomam o seu tempo inutilmente. Vocês sabem quais são elas.

Vocês estão se curando? Vocês estão aprendendo? O que estão fazendo é uma forma verdadeiramente nobre de viver a vida?

O mundo espiritual, onde vocês passarão a maior parte de sua eternidade, é um local de amor e felicidade. Seus parentes, os santos e os espíritos elevados estão lá agora rezando por vocês e com vocês, para inspirá-los e encorajá-los a fazer a vontade de Deus.

Vocês podem falar com seus parentes que já morreram. É um mistério o fato de vocês acharem que isso é errado ou assustador. Vocês precisam rezar para a evolução deles, assim como eles rezam para a de vocês. Há uma relação de simbiose entre o céu e a Terra. Não importa em que plano estejam, vocês se beneficiam da ajuda do outro lado.

A consciência terrena que vocês possuem é como uma grande bolha de amor que fortalece e motiva os seres espirituais quando vocês rezam por seus familiares. A luz é tão maravilhosa e tão pacífica, que as almas que penetram nela sem estarem completamente elevadas sentem-se em uma espécie de existência terrena que acreditam ser de férias. Elas também precisam de encorajamento para continuar trabalhando pela própria evolução.

Os espíritos precisam estudar mais, buscar sabedoria e comprometer-se seriamente para tornarem-se santos mais elevados. O simples fato de estar no paraíso não os torna brilhantes, inteligentes ou inteiramente elevados de um momento para o outro.

É verdade, mesmo no paraíso os espíritos podem aprender mais sobre orações e sobre o reino de Deus. Eles podem preferir descansar e não trabalhar mais pela humanidade. Em qualquer plano pode haver falta de motivação para aprender.

ORAÇÕES PARA AS ALMAS QUE ESTÃO NA LUZ

Os espíritos retornam à Terra muitas e muitas vezes, até que estejam iluminados. Quando vocês rezam, eles se mantêm inspirados e energizados para continuarem suas buscas. Aqueles que rezam para os seres espirituais são agraciados com orientações emanadas daquele plano. Quanto mais vocês rezam, maior é o fluxo de graça em sua direção.

Todos vocês são abençoados com poderes espirituais. Vocês são únicos na forma de ajudar aqueles que amam e aqueles que têm interessem similares aos seus. Isso também se aplica ao mundo dos espíritos. Se, por exemplo, você é um geólogo que estuda certas rochas minerais, alguém no mundo espiritual está por perto para ajudá-lo a aprender o que você deseja saber.

A CONEXÃO ENTRE OS PLANOS

Não pensem que somente vocês aprendem com os espíritos. Eles também aprendem muito com vocês. Alguns de vocês não entendem que são criaturas elevadas de Deus. Todos vocês têm algo a dar. Todos têm conhecimentos e habilidades que ninguém mais tem. Deus os criou para um propósito eterno e para uma missão especial em cada período da vida.

Com imaginação, uma habilidade comum pode ser usada de forma única. Vocês também possuem conhecimento adquirido em outras vidas. Todos têm uma parte do poder e da sabedoria grandiosa de Deus.

Vocês precisam desenvolver seus dons especiais e usar seus talentos na Terra. Para explorar ao máximo suas habilidades, vocês precisam interagir com os anjos, que realçam seu conhecimento para que possam usá-lo a serviço da humanidade. Muitos de seus dons estão escondidos sob camadas de medo que podem ser afastadas com oração.

O VÉU ESTÁ LEVANTADO

Vocês podem falar com Deus. Vocês podem falar comigo, sua Mãe. Vocês podem falar com os anjos e até mesmo com Einstein, se acharem necessário. Vocês podem falar com seus parentes. O amor, como já foi dito, é eterno. Vocês precisam do amor e da oração dos outros nos dois lados do véu.

Quando pararem de desperdiçar tempo lendo e ouvindo sobre violência, aventuras e outros assuntos que proporcionam esse tipo de emoção, terão tempo para o trabalho espiritual — interação com Deus e com os seres dos planos de luz.

Não me entendam mal. Eu desejo que vocês rezem para Deus, mas sei que pensam em seus parentes durante o dia. Vocês podem cumprimentá-Lo, dizer a Ele o quanto vocês o amam e ouvir suas palavras de encorajamento. Isso leva somente alguns minutos e vocês ainda terão tempo bastante para rezar por seus familiares, por suas próprias necessidades e pelas muitas vítimas dos desastres no mundo.

Falar com seu avô que está na luz não é tão diferente ou mais complicado do que era quando ele estava na Terra. Muito provavelmente ele estará bem-humorado e terá tempo para conversar e ouvi-lo atentamente.

Um bom motivo para falar com seus entes queridos que já morreram é fortalecer sua habilidade de ouvir a Deus. Vocês conhecem a voz e o estilo de seus parentes mortos. Quando forem capazes de ouvi-los, vocês estarão aptos a ouvir a mim, a Jesus e ao Pai Celestial. Alguns pensam que Deus não se preocupa com eles.

Será que eu tenho que repetir sempre que Jesus disse que o reino de Deus está dentro de vocês? De que vocês estão gravados na palma da mão de Deus? De que Ele fala a vocês com a voz baixa e delicada da intuição? Os grandes cientistas, como Einstein e Edison, ouviram Sua voz. Ninguém se torna grandioso na Terra sem ajuda espiritual.

CAMINHANDO COM DEUS

Lembram como Deus andava com os profetas no sereno da tarde? Deus fez vocês da mesma forma que os fez. Como poderia Ele não falar com vocês? A única resposta que encontro é que vocês não O estão ouvindo. Por que não mudar isso? Por que não honrar esse ser supremo que ama vocês mais do que podem imaginar?

Fazendo isso, vocês aprenderão coisas que irão expandir seus conhecimentos. Quanto mais sintonizados com Deus, mais generosos e amorosos vocês se tornam e mais respeito e amor passam a ter por si mesmos. Reconhecer o valor que vocês têm aumenta sua capacidade de servir.

Imaginem quanto poderiam realizar acessando a energia mais profunda e poderosa de toda a existência. Imaginem-se integrando esse amor profundo, essa sabedoria e esse poder em suas rotinas de vida. Será que isso lhes proporcionaria a paz interior que vocês tão merecidamente desejam?

30

O mundo do nosso Pai

Eu sou Maria. Eu gostaria que vocês, que estão lendo isto, soubessem que estão sendo assistidos. Vocês são necessários, desejados e amados. Assim como Deus, eu nunca desisto de vocês.

Vocês são de extrema importância nos planos de Deus para o universo. Se vocês ainda não conseguiram enxergar o bem que fazem, eu lhes peço que enxerguem o bem que podem fazer. Todas as pessoas estão na Terra para promover alguma diferença com suas presenças.

Aqueles que tentam destruir a si próprios e aos semelhantes estão fora do próprio caminho. Isso não diz respeito a nenhuma religião ou ensinamento especial. Vocês são espíritos em corpos físicos. Vocês já viveram milhares de anos e estarão sempre vivos em algum lugar — na Terra, no mundo espiritual ou em algum outro mundo.

Falem comigo ou com Deus, mantendo sempre a conexão de forma que possamos ajudá-los a permanecer centrados.

PERMANECER PURO

Este livro ensina como se purificar e permanecer purificado. Se você já se encontra grandioso e magnífico, então temos trabalhos especiais para você fazer.

Os que estão um pouco perdidos, nós instigaremos a prosseguir e lhes indicaremos a direção certa. Àqueles que estão vivendo em desespero e degradação, daremos força para que saiam da confusão.

Tudo isso depende de vocês. O livre-arbítrio de que gozam na Terra permite que sejam grandes ou inúteis. Saibam, meus filhos, que vocês são juízes muito severos. Vocês gostariam de pensar que Deus é quem os julga, pois assim teriam a quem culpar por suas aflições. Mas vocês são seus próprios juízes. Seu espírito não pode ser enganado quanto ao que você faz ou ignorar o que você é capaz de fazer.

O JUIZ MAIS SEVERO

Vocês sempre, desde o princípio, julgaram a si mesmos. Vocês o continuarão fazendo no fim de suas vidas, da mesma forma que fazem agora. Comecem a evitar atitudes que gerem arrependimentos.

Parem por um instante e se amem. Honrem o que há de bom dentro de vocês. Pensem em suas realizações. Pensem naqueles que vocês ajudaram. Sigam com amor e compaixão em seus corações. Sigam sem acusações ou culpas, mas com uma atitude de respeito. Todos estão fazendo o melhor que podem usando o que sabem. Quando agem de forma destrutiva é porque precisam de compreensão.

Agora vocês sabem mais, depois de terem lido este livro. Mantenham-se criteriosos. Agora vocês sabem que podem ter ajuda. Talvez vocês já estejam sintonizados com Deus de uma forma especial e estejam agora ouvindo o que Ele lhes diz o dia todo.

Interiormente vocês sabem se estão no fluxo. Falem com Deus e escutem-no, pois todos os dias Ele tem uma mensagem determinada para cada um de vocês.

Se acham que para fazer mudanças no mundo é preciso um esforço sobre-humano — como o do deus Atlas puxando a Terra —, vocês podem querer se conectar com essa energia invisível. Ela está dentro, fora e em todo lugar, é apenas uma outra dimensão acessível. No instante em que a mente pede ajuda, o espírito de Deus intervém, e o fluxo se abre para você.

Todos os dias, ao acordarem, peçam paz interior. Vocês poderão *sentir* a paz chegando. Peçam então por sabedoria e orientação. Com essas três graças — paz, sabedoria e orientação — seu dia começará bem.

O desequilíbrio do espírito está na energia que os cerca. O seu espírito precisa de atenção todos os dias. Vocês têm que trabalhar para se purificarem e permanecerem puros. O primeiro empecilho a esse trabalho é o medo. Ele é parte de sua constituição genética. Alguns medos se acumulam devido à idéia de que vocês são apenas um corpo físico, de que estão sozinhos na Terra, ou de que irão morrer, como seres mortais que são.

O espírito não morre. Vocês todos terão a vida eterna. Esses pensamentos que incutem medo, paralisam vocês. Vocês são espíritos, grandes seres espirituais com capacidades que transcendem a sua compreensão. Vocês não estão sozinhos nem separados de Deus.

Já lhes disseram que Deus ouve seus pensamentos. Eu, Maria, e os seres do mundo espiritual que os assiste, também podemos ouvir seus pensamentos. A diferença é que Deus ouve todos os seus pensamentos de uma vez.

Não há segredos sobre o que vocês fazem nem privacidade total em seus pensamentos. Vocês não estão sendo julgados. Vocês são os juízes. Nós tentamos guiá-los quando escutamos o que estão pensando, mas vocês têm liberdade para acolher ou não nossos conselhos.

QUANDO A VIDA NA TERRA TERMINA

Hoje, meus filhos, eu vou lhes contar o que acontece quando vocês morrem. Embora a experiência de cada um seja única, o julgamento ocorre para todos com o juiz mais severo que existe — a consciência de cada um.

Assim que a vida os deixa, um novo nível de consciência aporta e vocês vêem toda a sua vida claramente. Nesse momento, muitos se sentem tão envergonhados que procuram dimensões incomuns para se esconderem da luz. Tudo isso é mesmo muito complexo.

As almas perdidas são mantidas, por décadas, em um estado de suspensão mental, tanto no plano cinzento, quanto no plano terreno (mundano) ou no plano inferior das trevas (que alguns chamam de inferno). Nesse estado, o espírito é isolado para que se interiorize e assuma as responsabilidades pelas escolhas que fez.

(O momento do julgamento final dos mortos ocorre quando Jesus chama as almas que estão no estado de suspensão e lhes concede mais uma chance de arrependimento. Isso demonstra a grandiosidade e o amor de Deus para com as almas perdidas, que têm sempre a oportunidade de voltar seus corações para Ele.)

Quando a alma está pronta começa o processo de auto-avaliação. É necessário que ela se perdoe, perdoe aos outros, livre-se da raiva e dos ressentimentos e reveja suas escolhas para decidir se foi capaz de realizar suas tarefas. As almas mais sábias focalizam também os trabalhos inacabados e o que terão de fazer no mundo da luz.

Muitos de vocês preferem pensar que Deus é quem os julga, mas isso não é verdade, meus filhos. Seria mais fácil, pois assim vocês teriam a quem culpar. São vocês, entretanto, os juízes severos, são vocês que decidem.

Entendem agora por que é preciso ter auto-estima e respeito próprio? Sem a certeza de que são os filhos do Pai Celestial, muitos se fixam em erros e não conseguem enxergar mais nada. Se não aprenderem agora a perdoar a si mesmos, não serão capazes de se libertar das culpas. Perdoar a si mesmo é uma tarefa árdua. Eu tomo conta dos meus filhos e vejo que vocês se prendem aos antigos erros. Deus perdoa. Ele já esqueceu qualquer coisa que vocês tenham feito. Perdoem a si próprios. Esqueçam.

PREPARANDO-SE PARA A LUZ

Eu lhes digo isto para que poupem tempo. Revejam suas vidas e perdoem a si próprios. Esse é apenas o começo e o passo seguinte é ainda mais difícil. Vocês terão que perdoar a todos que os magoaram, desde seus pais e pessoas de sua infância, até aqueles que os magoam no presente. Raiva e ódio os mantêm presos ao plano de escuridão e isolamento.

Vamos chamar esse processo de "limpeza da casa". Quando a casa estiver limpa, vocês começarão a descobrir quem vocês realmente são. Em algum momento, Deus já lhes falou sobre as funções que têm na Terra. Elas foram designadas para vocês, não importando o que haja em seus corações ou os serviços que os toquem mais profundamente.

SEGUINDO ADIANTE

A vida não é tão complicada nem tão misteriosa. O que a torna complicada são os pensamentos egoístas que os mantêm paralisados. Essa é a razão deste e de todos os meus outros livros.

Tirem algum tempo para olhar para dentro de si mesmos e buscar sua conexão com Deus. Ele os ajudará a descobrir o trabalho espiritual da vida de vocês. Ele curará seu espírito interior. Curar antigas mágoas os livrará dessa armadilha que os está prendendo.

A vida é harmonia. Vocês são todos muito inteligentes e podem identificar os pontos de desequilíbrio. Comecem já a remediar os problemas. Vocês estão obcecados com trabalho, dinheiro, luxúria ou algum vício? Esses são sinais de uma vida que não está em harmonia.

MAIS FELICIDADE E ALEGRIA

A espiritualidade é uma área que vem sendo negligenciada. Todos podem fazer melhor. Alguns nem sequer começaram. Aqueles que têm uma forte conexão com Deus vivem com mais alegria, mais graças e mais felicidade.

Essa "vida mais abundante", que Jesus já havia descrito, está disponível para todas as pessoas, de todas as religiões, e também para os que buscam sem ter uma religião formal. Deus ama e honra cada um de vocês. Vocês podem escolher os próprios caminhos ou podem buscar o caminho de Deus. Qual caminho vocês acreditam que será mais fácil?

Vocês podem encontrar o caminho a seguir por meio da voz dos espíritos. Vocês se beneficiarão com o estudo das escrituras de muitas religiões, se não se identificarem com nenhuma religião em particular. A sabedoria de Deus vem sendo transmitida por homens sábios através dos tempos.

Aquele que acredita que o seu caminho é o único caminho, perdeu a conexão com Deus. A idéia que alguns alimentam de que sabem o que é melhor para os outros não é uma idéia que vem de Deus. Vocês identificarão aquele que fez a conexão com Deus pela forma como ele irá honrar e amar o semelhante. Eu os amo, meus filhos, e lhes envio paz.

Uma oração matinal

OBRIGADO, PAI, por este dia e por todas as oportunidades que surgirão em nossos caminhos. Abençoe nosso trabalho e todo o nosso empenho. Envie sua luz para purificar nossos corações e para suavizar nossos caminhos.

Conceda-nos sabedoria e orientação e deixe que sua paz esteja conosco o tempo todo. Envolva nossos corações com sua divina humildade e compaixão.

Conceda-nos a graça de servir a humanidade e de trazer conforto para o mundo. Em devoção ao Senhor, faremos a Sua vontade. Amém.

Posfácio

ESTE LIVRO FOI INSPIRADO pela Divina Mãe da Existência. O Pai Celestial se refere à Maria como "a Mãe de Deus". Maria enviou através de uma amiga, uma mensagem dizendo: "Eu gostaria de utilizar meus filhos para escrever uma série de livros, sendo que o primeiro se chamará *Mensagens de Maria para uma vida de paz.*"

A Mãe Divina, também conhecida como Nossa Senhora, Maria, Mãe de Jesus, dentre outros nomes, é realmente amável. Sua primeira mensagem foi: "Eu quero me tornar um canal aberto. Façam um altar em seus quartos de dormir." Suas mensagens continuaram por meses. Algumas eram retrospectos de minha vida, e ela sabe todos os pormenores de nossas vidas.

Uma vez eu pensei por alguns instantes em comprar um maço de cigarros para me acalmar. Maria ouviu meu pensamento e disse-me, através de minha amiga, para não fumar. Imaginem como somos importantes para nossos Pais Celestiais para eles estarem monitorando nossos pensamentos!

Maria é tão piedosa quanto obstinada. "Seus erros fazem parte de seu aprendizado. Esqueçam-se deles." Ela quer que nos perdoemos, pois a culpa nos separa de Deus. Suas muitas mensagens de amor também estão em outros escritos.

A Hoste Divina espera que estejamos emocionalmente prontos e psicologicamente preparados antes que tenhamos consciência do que precisamos saber. Este adendo é dirigido principalmente aos meus irmãos e irmãs protestantes. Eu sei o que você pensam e no que vocês acreditam, pois eu fui criada na Igreja Luterana com as mesma crenças.

Que vocês sejam abençoados com a capacidade de ouvir com a mente aberta e de compreender em profundidade. Nosso Pai pediu aos protestantes para retornarem às tradições, rezando o rosário e rezando para os mortos.

O PODER DO ROSÁRIO

O rosário é o poema que Elizabeth recitou quando viu Maria. "Ave Maria cheia de graça. O Senhor é convosco. Bendita sois vós entre as mulheres e bendito é o fruto do vosso ventre, Jesus."

O resto foi adicionado no século V por Santo Domingos, por meio de inspiração divina. Santo Domingos foi o frade que unificou os ensinamentos cristãos na Igreja Católica, viajando pessoalmente por toda a Europa para educar o clero. Lembrem-se de que foi em uma época anterior aos meios de comunicação eletrônicos e que a igreja estava fragmentada.

Nós fomos instruídos a dizer a parte do rosário que escrevemos, seguida de: "Santa Maria, Mãe de Deus, rogai por nós pecadores, agora e na hora de nossa morte." Faça dessa oração um poema e digam-na com suas próprias palavras. Maria nos diz para fazer o que for mais confortável. Ela não quer ofender ninguém.

A AMABILIDADE DE MARIA

Maria quer que nos sintamos confortáveis. A oração ou poema tem um propósito: harmonizar a energia que nos cerca. Somos constantemente envolvidos, por meio de nossos pensamentos, por uma energia desequilibrada. Essa oração mantém nossa mente em equilíbrio.

Em vez de dizer "orai por nós", podemos dizer "orai junto a nós", pois o espírito de Maria é uno com o de Jesus, com o de Deus e com o do Espírito Santo. Ela estará no portão quando chegarmos à luz. Seu espírito é gentil e amável. Ela é a mãe eterna que nos conforta. Deus nos enviou Maria para que Ela nos ajudasse na cura e nos ensinasse a rezar.

A MISSÃO DE MARIA

Maria tem sido designada para trabalhos muito elevados — tal qual o trabalho que desempenhou quando estava na Terra. Ela é uma professora e ensinou a Jesus. Agora ela tem sido enviada pelo Pai para nos despertar e nos ensinar o que é necessário.

Estes ensinamentos não afetarão a relação de vocês com a igreja nem com sua fé em Deus. Vocês apreciarão o poder da oração e descobrirão o quanto são amados. Também aprenderão que a vida na Terra é verdadeiramente preciosa, não por essas razões humanas pelas quais vivemos, mas pelas oportunidades.

Vocês aprenderão que estão sendo assistidos por Deus, por Jesus, por Maria, pelos santos elevados, por seus parentes e amigos e até mesmo por estranhos. Vocês têm lutado e os espíritos apreciam sua luta. Eles se preocupam com nossas falhas e aplaudem nossos sucessos. Eles ajudam em nossa espiritualidade.

Nossas crenças são respeitadas tanto quanto nossas escolhas. Maria sempre repetiu: "Eu não quero que ninguém se sinta deslocado. Usem as orações que preferirem, as meditações e salmos que forem adequados a vocês." Ela também sabe que nós somos capazes de fazer muito mais para ajudar a humanidade.

O CHAMADO PARA A ORAÇÃO

Que Deus possa abençoar sua busca espiritual e que vocês tenham a graça para rezar para a humanidade. Suas preces são poderosas e necessárias. Elas mudarão o mundo. Suas preces são como um bálsamo curativo.

Jesus disse: "Eu sou o salvador, a luz. A criança que há no interior de cada um tem sido negligenciada pelos corações da humanidade. Permitam que essa criança se mostre para que seus corações não sejam consumidos em tristeza e deterioração."

Vocês vêem como somos amados? Jesus sabe que vivemos nos criticando e que nunca nos permitimos descansar. Maria nos ama com compaixão. Ela quer que nos libertemos dessa visão estreita. "Vocês nunca terão todas as respostas", ela disse.

BUSQUEM COM O CORAÇÃO

Este é o chamado de Maria para a oração: **"O mundo está passando por uma transição. Meu povo precisa retornar a Deus. As pessoas estão vivendo em um mundo material e pensam obsessivamente sobre suas necessidades. Amor virou uma palavra de segunda categoria."**

"O ânimo está mudando. As pessoas estão tentando. Aqueles que rezam estão conseguindo mudar a situação. Meu coração implora por suas orações. Eu posso ajudar a transformar a vida daqueles que rezam. Quando vocês vêm a mim libertos dos desejos e das necessidades, vocês também ficam livres da confusão e da ansiedade."

"O rosário deve ser uma alegria. Banhem-se nele. Estejam comigo o tempo todo. Peçam perdão a Deus por seus ódios. Vocês serão curados."

MINHA MENSAGEM

Minha mensagem é para que vocês não temam ficar sós, pois esse é seu momento com Deus. Conservem uma oração nos lábios e uma luz no coração. Seu espírito se tornará mais harmonioso e sua mente mais tranqüila. Seus problemas se tornarão menores. Rezem com amor para aqueles que fizeram mal a vocês e eles serão afastados de suas vidas.

DEUS É LUZ

Quando rezam vocês podem imaginar o espírito de Deus descendo até vocês e os envolvendo com luz. Quando rezarem por outras pessoas, imaginem a luz de Deus indo em direção a elas. Rezem com o coração pleno de compaixão por vocês mesmos e pelos outros. Acreditem em seu valor e serão capazes de se superar.

O Pai quer que vocês se amem mais. Nós vivemos em um mundo que está sendo desviado pela repressão, pela ganância e pelo egoísmo. Precisamos honrar a fagulha da luz de Deus que há em cada um e nos familiarizarmos com nossos seres espirituais.

Deus faz bons planos para nós. Ele respeita nossas lutas. Ele disse que nós nos afastamos Dele por falta de auto-estima. O Pai diz que esse tipo de pensamento é desrespeitoso para com o Deus que nos criou.

Deus não tem nada contra nós. Quando sentimos raiva pelos sofrimentos que enfrentamos criamos uma barreira entre nós e Deus. O coração das pessoas está amargo com Deus. A amargura cria a culpa por estarmos julgando a Deus. Sentimo-nos contaminados.

Precisamos rezar para nos libertarmos do passado e devemos fazê-lo com regularidade. Sempre e sempre. Maria disse: "Esqueçam."

Nós temos um trabalho a fazer. Quando ficamos presos ao passado não fazemos o que precisamos fazer. Maria quer que fiquemos curados e essa é uma tarefa que está em andamento. Que Deus os acompanhe nesta jornada.

Darlene Weinhold

Sugestões de leitura

A Bíblia. Isaías, Jeremias, Daniel, os Salmos e as Revelações.

Coddingham, Mary. *In Search of the Healing Energy*. Warner/Destiny, 1978.

Kirkwood, Annie. *Novas mensagens de Maria*. Rio de Janeiro: Editora Nova Era, 2002.

Millman, Dan e Childers, Doug. *Divine Intervention*. St. Martin's Press, 1999.

Sereda, David. *Face to Face with Jesus Christ*. Nevada/CA, Blue Dolphin Publishing, 2000.

Steiger, Sherry Hansen. *The Power of Prayer to Heal and Transform Your Life*. Nova York: Signet, 1977.

Stern, Jess. *The Power of Alpha Thinking*. Nova York: Signet, 1976.

Sylvest, Vernon N., M.D. *The Formula*. Sunstar Publishing, 1996.

A autora

DARLENE WEINHOLD nasceu em Cape Girardeau, Missouri, uma cidade de colonização franco-germânica, nas margens do Rio Mississipi. Ela foi criada em uma fazenda ao sul de St. Genevieve, no Missouri, com onze irmãos.

Weinhold graduou-se pela Southeast Missouri University e foi lecionar jornalismo e língua inglesa na Califórnia e em Nevada. Fez pós-graduação na Escola de Jornalismo da Universidade de Nevada e prosseguiu até concluir o doutorado em Direito e começar a lecionar e a praticar a advocacia. Weinhold vive na Califórnia e devota seu tempo a ensinar e a escrever. Há muito que ela está comprometida com o estudo da espiritualidade.

Suas outras obras são: *A Light in Your Heart* (co-autoria de Martina Barlett), *A Heart that Loves, The Spirit Within, I Am the Light, Revelations of 2001, Out of the Ruins* e alguns outros em produção. Weinhold é autora também dos roteiros: "New York Closeup", "Until We Meet Again" e "The Coffee House".

Este livro foi composto na tipologia Minion, em
corpo 11/16, e impresso em papel off-white 80g/m²,
no Sistema Cameron da Divisão Gráfica
da Distribuidora Record.